凱信企管

用對的方法充實自己，
讓人生變得更美好！

凱信企管

用對的方法充實自己，
讓人生變得更美好！

個人魅力學

無往不利的
33個自我經營術

作者序——。

「好人緣，必能讓你人生發展如處添翼！」相信這一句話，不會有人不認同。一個人能取得成功，除了自身的能力之外，人際關係與社交能力，更是不可缺的重要因素！因此「如何能維持良好人際關係」是現代人相當重要的課題。

優秀的人際關係，無法只靠天賦，而是需要學習。單純老好人和善良的性格，已不再是萬靈丹，還有可能是絆腳石。之前在美國唸書的時候，有一專門科目是關於人際關係和溝通方式的學習。在學期中，教授除了教授知識和技巧之外，還會常常設定情境，讓大家能夠學以致用。一路學習下來，我發現這樣的實境模擬相當受用。於是，我便將在國外所學，融合了回臺後在職場裡與親友間的親身體驗，精選出33個一般人在人際關係上較易出現的障礙，除了明列一些解決這些問題的祕訣外，還清楚點出人際關係裡有哪些地雷要躲閃，讓自己不白目、不被討厭。

人終其一生，不可能永遠獨善其身或離群索居，每天我們都無法避免與他人接觸，無論是和父母、家人、同學、朋友、老闆、同事、鄰居等等，無處不存在人際關係。惟有確實掌握正確的社交方式、善用有效的心理策略，提高與人際的良性互動，才能讓人際關係不NG，生活更順利順心。

祝福你！

目錄

作者序
01 母湯一瞬間變臉：情緒化，最可怕的人際殺手……010
02 學會自嘲讓你受歡迎：自嘲是幽默，嘲笑他人是幽怨……018
03 人際關係的絆腳石：濫好人、工具人，都不能忍……025
04 勇敢決定，避免歹戲拖棚：優柔寡斷，讓紛爭不斷……033
05 拒絕溝通，人緣亮紅燈：雙向溝通，是人際關係好的祕訣……040
06 朋友成群，空虛來襲：朋友數大便是美，還是兩三個就足夠？……047
07 不喪氣，做人神采奕奕：以「朝氣」代替「垂頭喪氣」……053
08 欺騙，讓自己陷入泥沼：習慣說謊，小心變成皮諾丘……061
09 人際關係的拖油瓶：雙面人，代替月亮懲罰你……070
10 不白目，人際關係轉個彎：直言和白目，只有一線之隔……078

11 讚美代替抱怨：抱怨，是孤立自己的一把利刃 …… 085
12 善意，勝過千言萬語：職場傲慢，人際關係聲聲慢 …… 091
13 混水摸魚，小心大白鯊：認真工作的人，最動人 …… 097
14 好友、損友，要看清：職場友情，停看聽 …… 102
15 得饒人處且饒人：將心比心，人際更圓融 …… 109
16 善意和退讓：退一步風平浪靜，退十步驚濤駭浪 …… 114
17 懂人分辨，不留遺憾：姊妹淘，和你掏心掏肺，還是挖你隱私？ …… 120
18 你有公主病？：公主病，連王子都逃之夭夭 …… 125
19 過度自負，讓人敬而遠之：優越感，讓你孤獨不燦爛 …… 132
20 適時插話，話題更豐富：掌握氣氛切入點，學好「插話」藝術 …… 138
21 破垠讓人際關係出意外：句點王，讓人際關係冰凍三尺 …… 144
22 真假人生：虛構人生心慌慌 …… 149

23 拉近關係的第一步：微笑，是一種美德……155

24 人際圓融的要素：讚美他人，拉近彼此感情……161

25 不要事事有意見：否定和反駁，不代表有主見……166

26 交淺莫言深：交淺言深，讓人退避三舍……173

27 人際關係的魔法石：說話藝術，必學之道……180

28 改變性格，命運大不同：人生不是戲，莫當悲劇型人物……187

29 勿陷網路世界：網路和現實，傻傻分不清……193

30 相處勿得寸進尺：每個人都有祕密花園……199

31 傾聽的藝術：傾聽，「聲」入你心，深入他心……204

32 終結關係的利刃：勇於面對，別讓逃避成自然……210

33 樂觀，讓人樂意親近：正面思考，人際關係不 NG……216

攻略01

情緒化，最可怕的人際殺手

安東尼・羅賓斯曾言：「成功的祕訣就在於懂得怎樣控制痛苦與快樂這股力量，而不為這股力量所反制。如果你能做到這點，就能掌握住自己的人生；反之，你的人生就無法掌握。」一個人若能控制好自己的情緒，人生的道路會順遂許多，人際關係較不容易陷入泥沼；反之，若是無法控制情緒，被情緒掌控，可能會把順境轉為逆境，讓成功離你越來越遠。人際關係當中，控制情緒是重要的一環，情緒化的人，往往讓人避之唯恐不及，因為誰都不願意當炮灰，莫名其妙被炸，徒增煩惱。

情緒化，是最可怕的人際殺手，也是成功的絆腳石。

安慰二字，朋友都說倦了

成為受歡迎的人物，並非俊男美女莫屬，也並非要是家財萬貫。然而，想成為顧人怨的人很簡單，就是脾氣如晴時多雲偶陣雨，讓人捉摸不定。不需要多久的時間，身邊的人自會慢慢的離你遠去。

人際關係中，有一點很重要，就是別當自己是林黛玉，畢竟賈寶玉是可遇不可求。

朋友可伶，外表甜美活潑，容易和人打成一片，隨著時間堆疊，漸漸了解她後，朋友卻漸漸疏遠。因為，情緒化的可伶，會因為看到天邊一朵雲，覺得美妙而莫名哭泣；或是看到飛揚的塵土，覺得不耐而倏地發怒。她總是認為自己孤獨又燦爛，卻忽略了她不是戲劇中的女主角，沒有主角光環。

某個夜黑風高的夜晚，幾個同事開車前往祕境咖啡廳，氣氛正好，月夜正美，車上大家恣意聊天，好不熱鬧。突然，可伶冷冷地說道：「停車。」歡笑聲嘎然而止，每個人臉上浮現問號。

「怎麼了？」和事佬雨觀問道。

「沒什麼，我現在要下車。」

「咖啡廳還沒到耶，妳要下車去哪裡？」開車的小葛邊問邊放慢車速。

「反正我就是要下車。」可伶堅持。

「母湯啦，我們有說錯話嗎？如果有，妳別往心裡去，大家開開心心一起出來玩，妳不要生氣。」個性溫和的雨觀耐著性子安慰她。

「我突然不想去了，我要下車。」說完，可伶竟作勢要開車門，還好雨觀將她拉住。大家安慰她一陣子，但仍拗不過她，於是讓她下車，車上的人真的擔心又無奈。雨觀在可伶後面跟著她走了一段路，不斷勸說才讓她改變心意，但她表示沒有心情去咖啡廳，要打道回府。

最後，我們取消了這次的咖啡廳之行，當時卻不知道她為何突然發脾氣，然而這並非第一次，因此大家也無心過問。後來，經過旁敲側擊，才知道大家在車上開玩笑，她覺得沒有參與感，突然脾氣就來了，才會想下車，純粹不想和大家待在同一個地方。

諸如此類的事情，發生了幾次，最後大家漸漸和她疏遠。因為「安慰」這二字，大家都說倦了。

某天，可伶突然約我吃飯，她試探性地問到這個問題。

「人有情緒再所難免，但如果總不斷地情緒化，旁人會受不了，再好的朋友，都可能因為不想被當出氣筒而保持距離……」我話未說完，可伶的表情就變了，「妳先別生氣，我願意跟妳說是因為把妳當朋友，否則我可以跟妳打太極。之前我曾經提醒過妳，但當時妳卻臭臉轉移話題。希望妳好好想想，別被情緒操控人際關係。」即使她仍表情不悅，但隨著她沉思的表情，我相信她應該有所領悟。

母湯，一眼瞬間變臉

面對常常情緒化的人，再好的感情，再有耐心的人，也都會招架不住。發洩情緒一時快，人際關係降冰點。

珊卓是我在外國認識的朋友，是情緒化的箇中翹楚。當時，在外國讀書，志同道合的朋友，會常常一起出遊，一起享用美食。外表亮麗的珊卓，在人群中特別亮眼，加上她個性熱忱，很快地加入我們的文青幫。在異鄉，大家認真讀書之餘，有空時會天南地北聊天，假日時也會相約旅行遊玩，十分愜意。

漸漸熟稔後，眾人才發現珊卓很情緒化。

有時候，聊天正熱時，珊卓會突然閉嘴安靜，雙手交叉，明顯的想中斷話題。剛開始有人會關心地問道：「怎麼了，不舒服嗎？」

她只是結面腔，冷冷地說道：「我不喜歡這個話題。」

「剛剛內容有說什麼嗎？哪個部份讓妳有不舒服的感覺？」我問道。

「沒什麼，反正我就是不喜歡剛剛提到的笑話。」珊卓語氣不耐地回答。

然而，笑話是她先提的，大家面面相覷，不知所以。為了緩和氣氛，彼此有默契地轉換話題。

朋友聊天，話題多變，換話題是輕而易舉，大家並未放在心上。我們認為，十年修得同船渡，當朋友是緣分，因此總是體諒她。幾次下來，再有耐性的人，也抵擋不住珊卓突如其來的不快樂。

因為，一個人的情緒化，會影響全體的情緒。

直到某次，珊卓的情緒化出現另一波高峰，大家才發現這問題是存在的，朋友關係也漸漸變淡。

茉莉的生日快到了，身為茉莉好友的珊卓，前幾天便興致勃勃的計畫，約大家到餐廳慶祝。那天，熱鬧的氣氛、美味的蛋糕、笑鬧的眾人、繽紛的氣球。一切都是那麼美好和歡樂，只有「臭臉」的珊卓，非常格格不入。

或許見怪不怪，大家都有默契的視而不見。正當茉莉既期待又興奮地拆禮物時，珊卓突然跟茉莉說：「我要走了。」茉莉一臉茫然，問了半天，珊卓才說剛剛有人說了一句話，冒犯到她。眾人挽留半天，她依然執意離開。茉莉對好友在生日派對時不給面子，也忍不住說道：「妳太情緒化了，我都不知道該跟妳說什麼了。」

珊卓臉色一沉：「對，我就是情緒化怎麼樣，這種無聊的聚會，我本來就不想來。妳是我好友，我才勉強來的，現在我可以離開了嗎？」

經過這次後，每當有聚會時，大家都有默契的忽略珊卓，漸漸的，她消失在我們的朋友圈。

情緒化，化開你的朋友圈

每個人都有情緒，不要將自己的情緒，肆無忌憚的表現出來，也勿因為小事而暴跳如雷。尤其，在職場上，難免爾虞我詐，如果因為情緒化，被當成弱點，或是沒人願意和你站在同一陣線，職場生涯將會非常艱難。沒有人有義務包容和接受你的情緒化，即使是父母和家人，尤其是和你有利害關係的人。當有一天，大家失去耐性時，你就會發現自己失去了什麼。所以，想擁有良好的人際關係，情緒化千萬使不得啊，因為有可能你會親手敗壞自己的人際關係。

攻略小語

◎ 情緒化，是最可怕的人際殺手，也是成功的絆腳石。

◎ 成為受歡迎的人物，並非俊男美女莫屬，也並非要是家財萬貫。然而，想成為顧人怨的人很簡單，就是脾氣如晴時多雲偶陣雨，讓人捉摸不定。

◎ 在職場上，難免爾虞我詐，如果因為情緒化，被當成弱點，或是沒人願意和你站在同一陣線，職場生涯將會非常艱難。

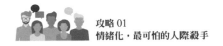

攻略 02

自嘲是幽默，嘲笑他人是幽怨

自嘲是幽默的最高境界，可以緩和緊繃的氣氛，化解尷尬。自嘲不是貶低自己，或是忍讓，這是一種錯誤的觀念；一個懂得自嘲的人，是富有修養和自信。同事或朋友相處時，如果遇到難堪的情況，自嘲是一種智慧的作法。相反地，用笑話他人來引導氣氛，反而會造成反效果。嘲笑他人的同時，也替自己帶來不便。在被嘲者面帶微笑之時，或許內心已經出現不滿，日積月累下來，當這種負質達到某種程度，場面就會失控。請記住，自嘲是是幽默；嘲笑他人，是一種幽怨。

自嘲，紓解氣氛

自我解嘲是一種化解尷尬的妙方。生活中難免會出現尷尬的情況，尤其是職場。如果能夠透過自我解嘲，讓結果變得比較圓滿，不啻是一種好方法。

朋友珍妮佛是個很會善用自嘲方式，解決尷尬的佼佼者。記得有次我們穿著悠閒地去購物，看到一間裝潢典雅、衣服優雅的服飾店，很有默契地一同進去。這間店雖然單價高，但服飾非常精緻，讓人有想買的衝動。我們挑了幾件喜歡的洋裝，正當我們討論要買哪件衣服時，看到店員冷眼旁觀，讓人感覺很不舒服。或許是因為我們穿著的關係，讓店員覺得購買的可能性低吧。之後珍妮佛拿了三件想買的洋裝，表示想試穿。

店員竟然說：「本店的衣服可能不適合妳穿喔。」

珍妮佛身材有點豐腴，但還不至於穿不下。當店員講完這句話後，彷彿冷冷的冰雨在臉上胡亂的拍，氣氛變得凍結，有種烏鴉飛過，臉上呈現三條線的無言氛圍。由於當時店內還有其他客人，聽到這句話後其他人飛速地朝著珍妮佛看了一眼。

但珍妮佛並未動怒，竟然噗哧一笑說道：「我就是想維持身材才要購買啊，這樣才能提醒我，要每天都運動，穿這件衣服才好看。」

講完這句話後，大家都笑了，只有店員一臉尷尬。不管是有意還是無意，只要提到比較性的話題，都會帶給他人不舒服的感覺。可能店員認為實話實說是好事，又或許她習慣這樣的表達方式。不過，想在工作上表現良好，說話這門藝術，的確值得花時間學習。如果不是珍妮佛懂得自嘲，讓整個局面反轉，遇到其他脾氣火爆的人，可能就不是這樣輕鬆的收場。

因此，想要成為受歡迎的人，自嘲是很重要的武器。笑話他人或許輕而易舉，但懂得自嘲才更高人一等。

嘲笑他人，維持人際關係的終結者

在人際關係的負面行為中，最讓人反感的一項就是嘲笑別人。

當大家聊得興高采烈之際，如果突然嘲笑他人，說出一些不得體的話，以為這樣可以讓氣氛更好，其實是種錯誤的想法。很多時候，反而會破壞歡樂的時光，讓場面變得難堪。這時大家心裡可能會有一種共同想法：為什麼要這個人來參加聚會呢？這個人是誰邀請的？一次兩次，到了第三次可能會發現，嘲笑者鮮少被邀到聚會，因為已經變成別人的黑名單了。遺憾的是：事情已經發生了，但自己仍不知道錯在哪裡。

人際關係中，不想成為這種討人厭的人，首先就是要改善自己的行為，以「嘲笑他人」轉化成「自我解嘲」。記得以前有一個同事亞當，在公司裡面總是自己一人獨行，因為他常無意的嘲笑他人，還覺得自己很有幽默感。不想成為被嘲笑的主角，同事自然遠離他，免得被當成嘲弄對象，惹了一肚子氣。一個新來的同事葛瑞，搞不清楚狀況，基於保持友好關係，開口約他共進午餐。當下其他人來不及阻止，亞當開心地同意。吃完飯回來後，葛瑞忍不住抱怨不滿，詢問亞當的個性，才知道原來午餐之約，亞當又把笑話他人當幽默感，惹惱了他。當葛瑞和亞當吃飯時，提到打籃球，亞當突然問他綽號是不是「火鍋王」？葛瑞一臉疑問，因為他不高大，所以對打籃球興趣不高。不知道亞當厲害的他，還傻傻地問原因。結果亞當語帶玄機地笑說道：「因為你矮，打籃球每次都被蓋火鍋啊！」

自從這一次之後，葛瑞就再也沒有主動邀過亞當。

幾天後，葛瑞聊到因為路痴，鬧了很多笑話，大家笑得合不攏嘴。沒想到在一旁玩手機的亞當突然開口了：「你蠢嗎？這樣簡單的路都記不熟，這種魚的記憶力，是怎麼進到我們公司的？」

葛瑞愣住了，旁邊的同事打圓場說道：「可能學經歷好，加上面試時給人印象不錯吧！」

亞當竟然繼續說道：「說到面試，你那天來面試時穿的襯衫一件不到三百吧，我逛街時看到在打折。葛瑞，你真會過日子，難怪都沒請過我們。」

葛瑞未再回應，同事都知道他家境不太好，盡量避開這個話題，沒想到亞當單刀直入，以為這樣很好笑，把無聊當有趣。諸如此類的玩笑，層出不窮，難怪沒有人想跟亞當多聊幾句，因為聊完的結果會發現自己莫名其妙被射了好幾箭。

剛開始我曾提醒過亞當講話的時候要注意分寸，切勿語帶嘲諷。但是他總是覺得無所謂，而且認為不是嘲笑他們，只是開開玩笑，反而覺得我多慮了。所以除非亞當能夠自己醒悟，否則其人際關係會一直悲慘下去。

學會自嘲，讓你受歡迎

幽默大師林語堂說過：「自嘲是幽默的最高境界。」自嘲並非只是嘲笑自己的短處，用貶低自我來博君一燦。相反的，自嘲是種圓融，用詼諧和趣味的語氣，淡化劣勢，增加自己的親和力，並能化解尷尬；自嘲是幽默，但相反的嘲笑他人則是一種惡趣味，引起對方不悅的做法。

在人際關係中，有幾種要避免的情況，其中一種就是嘲諷他人。或許當下，大家覺得有趣，然而被譏嘲的當事人，大多數會出現負面情緒。唯有學會自嘲的藝術，才能在人際關係中，受到他人歡迎與喜愛。

攻略小語

◎ 一個懂得自嘲的人，是富有修養和自信。同事或朋友相處時，如果遇到難堪的情況，自嘲是一種智慧的作法。相反地，用笑話他人來引導氣氛，反而會造成反效果。

◎ 自我解嘲是一種化解尷尬的妙方。生活中難免會出現尷尬的情況，尤其是職場，如果能夠透過自我解嘲，結果變得比較圓滿，不啻是一種好方法。

◎ 幽默大師林語堂說過：「自嘲是幽默的最高境界。」自嘲並非只是嘲笑自己的短處，用貶低自我來博君一燦。相反的，自嘲是種圓融，用詼諧和趣味的語氣，淡化劣勢，增加自己的親和力，並能化解尷尬。

攻略 03
濫好人、工具人，都不能忍

《被討厭的勇氣》這本書有句話讓人印象深刻：「如果你無法不在意他人的評價、無法不害怕被人討厭，也不想付出可能得不到認同的代價，就無法貫徹自己的生活方式。」人際關係中，沒有人百分之百被喜歡，也沒有人無緣無故被討厭。很多時候，不敢拒絕他人請託，是因為深怕被對方討厭。若過度擔心被厭惡，不但人際關係堪慮，生活也無法過得順心。良好的人際關係中，有些情況必須要斷捨離，否則被當工具人，或是誤當濫好人，對人際關係於事無補，反而增加自己困擾。

濫好人，不代表人緣好

團體中總是會有一兩個不敢拒絕別人要求的人，面對他人的請託，總是一口答應，即使心裡百般不願意，卻無法將「不」說出口。因為他們擔心若拒絕對方，會得罪他人。於是乎，硬生生的把「不」給吞了回去。這種濫好人，有時讓人佩服卻又心疼。雖然說，助人為快樂之本，但前提是要自己樂意。如果超越了自己的能力，或是違背自己的意願，如何能快樂起來呢？

盈盈就是濫好人代表之一。

個性內向害羞，舉凡有人開口請她幫忙，她總是答應，鮮少說「不」。有時候因為她在忙，表示沒空，但同事太了解她的個性，不斷地拜託她，拗不過對方再次的請託，只好咬著牙點頭。因為盈盈不敢拒絕同事，再加上心軟，才會變成這樣的局面。同事里約，清楚盈盈這種濫好人個性，常常開口請她幫忙。記得某次情人節，正當盈盈準備離開去赴情人節之約，里約突然走了過來……

里約笑盈盈的問道：「盈盈小公主，今晚有約會嗎？」

「有啊，七點要去吃情人節大餐。」盈盈如實回答。

里約看了看錶說道：「那還有一段時間，可以請妳幫我影印這份資料嗎？這份資料本來是助理要處理，但他已經秒離開，只好請妳幫忙。」

盈盈看了這份資料，雖然有點厚度，但影印她拿手，畢竟幫了不少同事影印過，應該不會花多少時間，於是她點點頭。未料里約竟然加碼說：「印完之後，請妳再花點時間幫我分類，應該不會太久。」等到盈盈分類完之後，已經是六點多了。她趕緊把資料拿給里約。沒想到對方突然又請她印另外一份資料。盈盈愣了一下，想要拒絕，里約看出來她的想法，又補充說資料分量不多，但是時間急迫，必須在明天之前完成。盈盈不敢拒絕，等她完成後已經快七點了，她告訴自己不能再退讓，必須斷然離開辦公室。殊不知，當她把資料送到里約的桌上時，發現桌面整齊，對方不知何時已經離開了。盈盈心感到不悅，卻又無可奈何。

除了工作之外，還有金錢方面的問題。盈盈曾借錢給幾個朋友，有的甚至還不止借一次，雖然數目不大，但積少成多，久而久之亦是可觀。當盈盈硬著頭皮，請對方還錢時，常遇到幾種模式：例如：哭窮、賣慘、拖延戰術。盈盈碰了一鼻子灰後，徒然浪費時間。

面對這些問題，盈盈單純的認為是不想跟人家起衝突，希望大家和睦相處。她的好友勸她可以當好人，但是別再當「濫好人」了，辛苦半天，也不見得會獲得別人尊重。如果再繼續保持這樣的想法，那麼這些事情就會持續的發生。不但自己心情不好，連帶導致他人跟著受累。

直到發生一件事，盈盈才發現自己幫助他人的好意，別人不見得會感謝。有天同事小莫請盈盈幫忙寄信，結果小莫住址寫錯，卻將責任推給盈盈，之後的爭吵讓她委屈流淚。經過這次意外，盈盈認真思考，真的應該要改變自己的個性了。

可以當「好人」，但不要當「濫好人」。

今天，你當工具人了嗎？

工具人，顧名思義就是被當工具使用。很多人在無意間被當成工具人，傻傻的被人利用。而有些人隱約知道自己似乎被當成工具人，但因為有所求，樂此不疲，因為他們相信有一天對方會看見自己的好，而接納自己。事實真的是如此嗎？事實上，工具人不好當，吃苦耐勞、隨傳隨到，還不能抱怨，所以如果可以，請別當工具人。

在外國讀書時，有個男同學黎歐家境很好，對人很慷慨有禮。由於學校臺灣人不多，因此我們幾個人感情非常好。有天大家在餐廳吃飯時，黎歐突然接到電話，原來他喜歡的對象依帆讓他馬上去購物中心接她回家。我們以為他和她有譜，紛紛的恭喜。丹尼還笑著說：「溫馨接送情耶，說，你們進度到哪裡了？」

沒想到黎歐說：「我也希望能更進一步啊，但感覺有難度。禮物送也送了好幾樣，吃飯也吃了好幾次，接送更是稀鬆平常，只要依帆一通電話，我使命必達。但問過她對我的感覺，她總是曖昧一笑，不正面回應。」

「你要有自信。」丹尼安慰。

黎歐不是第一眼帥哥，因此他對自己一直都缺乏自信。

「你們都去哪裡吃飯呢？互動如何？」莉莉突然問到。

「依帆喜歡去高級餐廳吃飯，其實在車上幾乎沒互動，不過吃飯時會聊上幾句。」黎歐如實陳述。

後來，依帆生日時，開口跟黎歐要了上萬元的洋裝和包包。聖誕節時，對方跟黎歐要求的禮物也很昂貴，而且毫不避諱在我們面前提出要求。幾個朋友心中覺得不太妙，只能委婉的跟黎歐討論。

「她應該對我也有好感吧？不然不會跟我一起吃飯，還要我去接她？」經過這幾個月相處，黎歐心中慢慢清楚，但是還是懷抱一絲希望。

「我們只是希望你想清楚，不想讓你被當成工具人罷了。」丹尼解釋道。

「我明白，我再觀察看看。」

後來，黎歐終於清醒了，因為依帆認識了另外一個「更積極的」工具人，跟黎歐一樣保持曖昧，也沒有清楚表示。

工具人沒辦法真正維持良好人際關係，因為位置不是在同一天秤上，一旦拒絕對方，兩人關係就會變調，不得不小心。

害怕拒絕，是人際關係的絆腳石

害怕拒絕，會拖垮自己的時間和生活。因為怕傷害別人感情，即使不樂意，即使時間有限，還是會同意對方的要求。其實，當答應幾次後，對方可能會把你的「好意」當成是理所當然，一旦拒絕，對方反而不開心。另外，拒絕時記得要明確，不能有灰色地帶。拒絕時如果帶有轉圜空間，或是沒有即時表示「不」，也是 NG 行為。如果對方對你有期待，最後結果不如他所預期，這種失落感和不滿，會造成彼此更大的嫌隙。所以，別讓「害怕拒絕」造成你人際關係的絆腳石，應該要當機立斷。

攻略小語

◎《被討厭的勇氣》這本書有句話讓人印象深刻：「如果你無法不在意他人的評價、無法不害怕被人討厭，也不想付出可能得不到認同的代價，就無法貫徹自已的生活方式。」

◎ 良好的人際關係中，有些情況必須要斷捨離，否則被當工具人，或是誤當濫好人，對人際關係於事無補，反而增加自己困擾。

◎ 拒絕時記得要明確，不能有灰色地帶。拒絕時如果帶有轉圜空間，或是沒有即時表示「不」，也是 NG 行為。如果對方對你有期待，最後結果不如他所預期，這種失落感和不滿，會造成彼此更大的嫌隙。

攻略04

優柔寡斷，讓紛爭不斷

卡內基有句名言：「優柔寡斷就意味著失敗，不要把寶貴的時間浪費在分析或是舉棋不定上，而扼殺了最佳的處理時機。」做事或做人，最忌諱游移不定、猶猶豫豫、思前想後，就是無法下決定。這個過程中，除了事情沒做好，也徒然浪費了時間。這種性格表現上不得罪人，然而仔細思考，卻造成其他人困擾，讓人產生負面看法。優柔寡斷會造成不少紛爭，修正這樣的性格，人際關係才會改變。

感情，優柔寡斷最傷人

工作上優柔寡斷，可能錯過判斷時機。在感情上，如果優柔寡斷，可能錯過真愛，甚至傷害了他人。優柔寡斷不是溫柔，反而是傷人，因為無法決定，猶豫不決，這段時間中，人人有希望，卻個個沒把握。

羅芬和男友包柏感情很好，包柏大她十歲，凡事包容，羅芬對他亦很信任。兩人相戀多年，準備明年步入禮堂。包柏個性溫和穩重，對羅芬很寵愛，兩人很少吵架。大部分吵架的原因，都是因為包柏優柔寡斷引起。表面上優柔寡斷看似不是大缺點，然而，如果在感情處理上，無法決斷，就會造成難以挽回的結果。包柏的新鄰居林宜，比包柏大幾歲，剛搬到他家樓下不久，對他非常熱情和親切，常常拿食物到包柏家拜訪。美其名是一起分享，其實就是找機會見面。來訪次數真的太頻繁了，讓人有點厭煩。即使羅芬在家，林宜也不避諱地的和他們一起聊天。

林宜很喜歡問包柏和羅芬的感情狀況，表面是關心，其實不然。包柏覺得對方比自己大，工作和感情豐富，所以每當和羅芬有爭吵時，都會跟林宜說明狀況，尋求對方的建議。有一次，林宜剛好來訪遇到兩人在吵架，不但沒離開，還故意假意勸架，請羅芬先離開。趁著包柏在氣頭上，善解人意的傾聽並且安慰。

羅芬起初以為林宜只是個大姊，因為一個人住，又沒朋友，所以把包柏當成弟弟般照顧。然而，經果幾次相處，羅芬發現林宜的眼神不簡單，對包柏動作也有點親近。因此，羅芬告訴包柏，希望他跟林宜保持距離；包柏也發現對方過度友善，所以同意羅芬的看法。但每次林宜來訪時，他卻無法馬上請對方離開，總覺得這樣很沒禮貌，或許下次吧，下次再告訴對方自己覺得不自在。

拖拖拉拉了一陣子，林宜明明知道羅芬的存在，卻還是向包柏表白了。包柏嚇了一跳，告訴林宜：「妳知道我有女友啊！」

林宜只是微笑表示不在意，她願意等，希望包柏給自己一次接近他的機會。林宜眼中含淚，問道：「你有一點點喜歡我吧？」

看著林宜悲傷的笑容，包柏覺得如果說出實話，未免太殘忍，所以他選擇沉默。反正只要自己保持距離，林宜會知難而退。

林宜看到包柏沒有明確的回應，開心說道：「只要你不討厭我，我就不放棄。」

雖然包柏自覺分寸拿捏很好，林宜對他還是一如往常，每次看到包柏都表現得很雀躍。

羅芬知道後，氣炸了，要包柏馬上和林宜說清楚。包柏拗不過羅芬，只好先點頭。

但是，每次要開口時，林宜似乎抓到他的弱點，便開始說自己很孤單，被前男友利用等悲慘的經歷，於是包柏把想要和她劃清界線的話又嚥下去，說不出口。林宜當業務十幾年了，對於人性頗為了解，羅芬不是她的對手。她知道包柏溫吞個性，明知道對方不喜歡自己，但其個性是不會對她口出惡言。她相信只要時間一久，她必能拿下包柏。

羅芬眼見林宜如此惡劣，和包柏討論搬家，反正租約只剩一個月。包柏沒辦法決定，因為搬家很累人，而林宜的喜愛對他並未造成大麻煩，所以，他雖然答應羅芬，但其實沒有真正下定決心。

兩人因為搬家一事，發生不少爭吵。因為包柏無法確定何時跟林宜說清楚，他總覺得這不重要，但對羅芬來說卻如坐針氈。終於在無法達成共識，又頻頻爭執的情況下，最後走向分手一途。

優柔寡斷，不代表善良

有人認為優柔寡斷在人際關係上不是多大的問題，然而，一旦牽扯感情和公事，這就成為一種可怕的雙面刃。一面傷害自己，另一面傷害他人。

喬治是雲霓的主管，是個好好先生，對同事都很和氣。照理說人緣應該很好，只是「優柔寡斷」的個性，造成他人不少麻煩。有次，設計圖案顏色無法確定，雲霓詢問喬治的答案，他卻覺得兩種顏色都可以，遲遲無法決定。因此，他反問雲霓意見。

「妳來決定吧，我覺得兩種都好看。」喬治撓撓頭。

「我覺得粉色。但是你是主管，我只是提供意見，最後結果還是要你來決定。」

「放心。」

結果，經理不滿意，認為粉色不太符合商品訴求。而喬治毫不猶豫就說出是雲霓的意見，讓她有苦說不出。

喬治常說他有選擇恐懼症，其實換句話說是「優柔寡斷」，無法斷然說出答案。有一次，喬治希望雲霓負責一個專案，當時另一位員工也對此專案有興趣，希望參與，不斷的遊說。原本已經決定要給雲霓的專案，喬治開始不確定了，又陷入思考。時間一天天過去，最後，雖然還是交給雲霓，但因為他的優柔寡斷，原本充裕的時間被壓縮了，讓她必須加緊腳步，壓力變得更大。

喬治總說他是個心軟的老好人。不過，心軟只是優柔寡斷的美化。其實，說穿了只是無法決定罷了。雲霓終於明白，為何喬治在公司任職這麼久，還只是個小主管。而且，人際關係也不太好，可能面對重要的決定，他都只會搖頭晃腦，說出那句經典臺詞：「這不急吧，讓我再想想。」但其實很多重要的決策，是不能讓他「再想想，再想想……」。最後想到天荒地老，想到一事無成。

勇敢決定，避免歹戲拖棚

培根有句名言：「毫無理想而又優柔寡斷是一種可悲的心理。」有人以為，優柔寡斷不過就是沒辦法馬上做決定，有這麼嚴重嗎？其實，在工作上，優柔寡斷的人，很難成就大事。舉凡大決策小決定，都讓優柔寡斷者舉棋不定，更別說是替公司協議。當人優柔寡斷時，常會以再分析看看，或是我再思考一下，當成拖延的言論，其實，這一想不是幾分鐘可以搞定，甚至幾天，抑或是「無法決定」。因此，勇敢做出決定，別讓優柔寡斷成為日後人際關係的「歹戲拖棚」。

攻略小語

◎ 卡內基有句名言：「優柔寡斷就意味著失敗，不要把寶貴的時間浪費在分析或是舉棋不定上，而扼殺了最佳的處理時機。」做事或做人，最忌諱游移不定、猶猶豫豫、思前想後，就是無法下決定。

◎ 工作上優柔寡斷，可能錯過判斷時機。在感情上，如果優柔寡斷，可能錯過真愛。優柔寡斷不是溫柔，反而是傷人。

◎ 一旦牽扯感情和公事，優柔寡斷就是可怕的雙面刃，一面傷害自己，另一面傷害他人。

攻略05

雙向溝通，是人際關係好的祕訣

人際攻略中，雙向溝通是有效方式的一種；單向溝通和拒絕溝通應該盡量避免。溝通是有技巧的，其中很重要的一環是「傾聽」和「回應」，缺一不可。德魯克說過：「一個人必須知道該說什麼；一個人必須知道什麼時候說；一個人必須知道對誰說；一個人必須知道怎麼說。」人際雙向溝通中，透過互動、傾聽、回應，更能了解對方的想法。單向溝通的效果大打折扣，雖然美其名是溝通，但是因為無法確認或得到對方的回應，無法確實知道結果，可能產生誤會。最糟糕的方式，就是拒絕溝通。彷彿掩耳盜鈴，以為蓋住耳朵，我不聽我不聽，就可能解決事情。這種想法，人際關係自然不好。選擇良好的溝通方式，在職場和人際關係上，是非常加分的。

有效溝通，解決問題不糾結

有效溝通，可以增進人際關係，對於職場和生活助益頗多。

朋友朵芬，擅長溝通，在職場表現優異，同事也很信賴她。她在美國一間飯店餐廳當經理，很多朋友對她年紀輕輕就能夠獲得此職位，感到羨慕。畢竟很多人可能都尚未找到喜歡的工作，但她已獲得好職位和高薪水。

朋友問道：「妳年紀輕輕就當經理了，一定很有能力。工作時如果遇到顧客有問題時，該如何解決？」

朵芬微笑的說道：「除了專業知識，溝通我認為最重要。我善於溝通，可以讓事情事半功倍；尤其在飯店餐廳，隨時都會遇到各種狀況，有問題就需要馬上處理，沒時間擱置。一旦出現溝通問題，可能導致顧客不滿，造成無謂損失和不必要的衝突。」

朵芬告訴我們一則餐廳發生的故事：某天，一個衣冠楚楚的人走進餐廳，表示要坐在角落。這位客人點了很多的食物，還點了一瓶紅酒、咖啡和其他甜點。服務生史丹利很開心，因為這頓晚餐的費用，將讓他得到很多小費，他竭盡心力服務。半小時之後，這個人酒足飯飽了，他突然招手叫服務生過來，口氣嚴厲的說道：「叫你們經理過來。」

史丹利心中一驚，這該不是奧客吧？朵芬面帶微笑地詢問有何需要服務之處，這位客人竟然說他拒絕付帳單，因為他不滿意這次的餐點。他指出兩個缺點：牛排不夠美味，以及咖啡太甜。朵芬並未因此認為對方是奧客，仍有禮貌的溝通，並針對口味問題，進一步的詢問原因。這位原本怒氣沖沖的客人，態度漸漸軟化。朵芬趁機表示可以給對方一張餐券，下次再來會針對個人口味調整。經過深層溝通後，原本表示不願付費的客人，對於朵芬態度表示讚賞，不但付清帳單，甚至留下高額小費。

這個例子中，如果朵芬認定對方就是找麻煩，只聽單方面說詞，而不試圖和對方有效溝通，損失的不只是這筆錢，而且還失去了一個客人。不僅可能讓自己心裡不好過，也無法解決問題。事實上經過有效溝通後，得知和理解對方真正的想法，才是解決事情的方式。良好溝通可以化險為夷，錯誤溝通則步步驚心，想擁有好的人際關係，溝通的確是一門很重要的課程，不得不學啊！

拒絕溝通，拒絕人際關係

職場上，人際關係很重要，學習敞開溝通大門，而非關閉自己心門。遇到爭論或問題時，把頭埋進沙堆中，難道問題就不存在嗎？人很難單打獨鬥的生活，群體生活是難以避免，因此請學會溝通，改善人際關係。

大偉就是最好的一個例子。大偉家中富裕，常常我行我素，做事都任我行。外國留學多年，語言能力很強，因此剛到公司時，主管對他抱持很大期待。經過幾次交手後，同事發現他專業能力很強，但是很難溝通。因為他拒絕溝通的態度讓很多同事採取消極的方式，為不想與他起衝突，都盡量避免和他接觸，也鮮少跟他討論公事和私事。由於主管很欣賞其英文能力，所以對於同事抱怨他溝通不佳這件事，並未放在心上。

有一次，他因為感冒，由於精神不濟的情況下在稿件上犯了兩個錯誤，主管體諒他身體不適，因此只是提醒他下次小心一點，並未惱怒。沒想到，大偉竟然不悅，表示是因為「感冒」，不是他的問題。主管耐心地解釋：「我並未斥責你，只是提醒你，就是因為你感冒，我覺得難免會有遺漏。下次在交出文件之前，請你好好檢查一下。」對於大偉而言，他不想聽解釋，只覺得自己被責怪了。

第二次，是因為他忘記把答應下午兩點要交給主管的報告列印出來，同事小歐提醒了他，沒想到，大偉認為小歐太雞婆，並說：「我不是忘記，是等一下要列印；況且，這是我的工作，我自己知道該怎麼做。」小歐解釋自己是好意，但阿偉只是說：「我知道，我知道。」顯然並不想聽。還有一次，上班時間已經超過半小時，大偉仍未現身。於是上司打電話給他，結果他只說今天有事不能到公司。由於大偉沒事先請假，所以上司詢問原因，希望下次如果有突發狀況，請先打電話到公司請假，以免造成他人困擾。沒想大偉竟然惱羞成怒，表示說這是個人私事，不方便說明，明天會去公司請假。這些事情看起來雖然是小事，不影響專業，但是日積月累下來，會變得讓人想保持距離。久而久之，拒絕溝通的一方，也會自己隔絕和他人的互動影響人際關係。

辦公室文化中，當別人拒絕跟你溝通時，請不要馬上離開，先試著詢問原因。不懂得溝通的人，以為這是保護自己的方式，其實不然。不但讓人際關係變差，也會影響工作成果。相處融洽、互相合作、工作效率好，職場才能得心應手，不會無所適從。

單向溝通，問題的開端

每個人都有自我性格，都是獨立思考，難以知道別人內心在想什麼。如果溝通不良，僅憑一個表情或是動作，然後猜測對方想法反而會造成很多不必要的誤會。在美國讀書時，很多人都修過「溝通技巧」這門課，因為這門課對學生而言很重要，以後出社會，都需要用到書裡的許多技巧。其中提到一個重點：雙向溝通。溝通不是兩人講話，而是兩人認真傾聽對方意見，然後提出看法或論點。如果只是你一言、我一語，或是只有一方發言，一方沉默，這種溝通方式，會造成人際關係上的爭執或誤會。想讓人際關係不打結，請學習雙向溝通，傾聽對方意見，勇於表達自己想法。

攻略小語

◎ 人際攻略中，雙向溝通是有效方式的一種，單向溝通和拒絕溝通應該盡量避免。溝通是有技巧，其中很重要的一環是「傾聽」和「回應」，缺一不可。

◎ 德魯克說過：「一個人必須知道該說什麼；一個人必須知道什麼時候說；一個人必須知道對誰說；一個人必須知道怎麼說。」

◎ 良好溝通可以化險為夷 ，錯誤溝通則步步驚心。想擁有好的人際關係，溝通的確是一門很重要的課程，不得不學啊！

攻略 06
朋友數大便是美，還是兩三個就足夠？

普希金曾言：「不論是多情的詩名、漂亮的文章，還是閒暇的歡樂，什麼都不能代替親密的友情。」人生在世，朋友占有重要的一席之地，生命當中不可或缺。有的人喜歡交友，也擅長交友，常常三五成群出遊，享受熱鬧氛圍。也有人以各種互動平臺上人數的多寡代表人緣的好壞，希望給別人有交遊廣闊和四海皆兄弟的感覺。還有一種知心派的人，則抱持朋友不必多，三五個可以談天說地、暢談心事的朋友足以。

真心好友，三兩個足矣

每人交友方式不同，真正的朋友是友直、友諒、友多聞。擁有真正了解你的朋友，非常難得，比如當自己無助時，能有幾個了解自己的好友陪伴。有些人會羨慕朋友多的人，懷疑自己朋友很少，會不會是人緣不好呢？其實朋友多寡不重要，重要的是這些朋友是否真心，而非假意。倘若朋友很多，但重量不重質，大部分是點頭之交，這樣反而不如只結交幾個好友。以前在外國上大學時，我們有幾個好朋友，熟悉彼此，假日時常會一起出遊，開心時一起分享，困難時會互相幫助，悲傷時會傾聽陪伴。

記得有個晚上近十二點時，接到貝塔來電，她表示雖然擔心打擾到我的睡眠，但因為心情沮喪，需要找個裡解她的人傾訴。她在電話裡面提到：剛剛收到前男友的郵件，信中提到有新對象的消息……。貝塔有點崩潰，兩人雖因出國才分手，但依然保持聯繫，前男友甚至說過願意等她回來。但才過了幾個月，事過境遷，一切都變了。貝塔第一個想到就是打給我，我傾聽並安慰她。在這個清風徐徐的夜晚，我們兩個人更加親近了。

有天幫貝塔慶生時，她突然有感而發說道：「我在職場工作一陣子後，才發現朋友貴精不貴多。以前剛出社會，覺得朋友多很重要，只要有聚會或派對，我必定赴約。因為我覺得朋友多代表自己人緣好。」

珊迪問道：「現在呢？」

貝塔回答：「現在我認為三五好友就夠了。因為之前都花在和朋友的相處上，於是和父母相處的時間變少了，漸漸缺少溝通，也因為交友問題而產生不少爭執。」

我好奇地問：「例如？」

「有次同事的朋友結婚，她約我一起赴約喝喜酒，並告訴我禮金不能太少。當下並沒有想很多，只覺得別人結婚，包禮金是種禮貌，再加上想維持良好同事情誼，所以咬牙包了三千六。我媽知道後，不能理解。為何要去參加陌生人的喜宴，希望我再想想，當下兩人爭論不休。但因為同事熱情邀約，我還是答應了。現在想想，真的幼稚。」

「後來呢？」珊迪問道。

「參加完喜宴後，因為想到和母親的爭吵，不想太早回去，希望同事能陪我聊一下，結果對方果斷拒絕。到了晚上十點多，一個人坐在咖啡廳，望著手機裡眾多的聯絡人，竟然找不到一個願意聽我發洩的朋友！有的說在忙，不然就是找理由搪塞。」

後來，貝塔在回家的過程中，不斷的思考，這樣的交友模式是對的嗎？漸漸地，她領悟到一個道理：好朋友幾個就夠了。聯絡人名單很多，但都只是名字，沒有多大意義。有幾個知心的好友，人際關係才會更圓滿。

朋友成群，空虛來襲

同事艾曼達交遊廣闊，常常有一大堆的邀約，日子充實，非常忙碌。有些同事對她結交這麼多朋友，表示欣羨，紛紛詢問祕訣。有一回，幾個人聚餐時，艾曼達突然有感而發的說道：「有時候覺得很寂寞和空虛。」

「妳在開玩笑嗎？朋友這麼多，出去玩的時間都不夠了，還有時間感傷嗎？」內向的馬克不解問道。

「因為我獨自一人在外地工作，所以覺得朋友很重要。可是有時候竟然不知道跟誰分享自己悲傷的一面。大部分都是酒肉朋友，只想要喜和樂，對於負面的都會笑笑帶過。」艾曼難得說出內心的話。

「難道沒有比較談得來的朋友嗎？」

「好像沒有耶。印象最深刻的一次是幾個月前，我和家人發生爭吵，生氣又無助。一個人在便利商店坐了幾小時，回到家中望著手機上的聯絡人，卻找不到值得信賴的朋友傾訴。當時我才發現：身邊圍繞一堆朋友，知心好友卻難尋。」艾曼嘆了口氣。

聽完後，大家頻頻點頭，心中頗有感觸。或許很多人認為朋友多代表自己的地位高，或是受歡迎；擔心朋友太少，會被人嘲笑。然而，交友數量和人際關係並無直接關係，而是質量才是最重要的。

懂你的朋友，值得

蘇格拉底說過：「不要靠饋贈來獲得一個朋友。你須貢獻你摯情的愛，學習用正當的方法來贏得一個人的心。」朋友不是只能用物質維繫，更重要的是同理心和包容。

桂綸鎂有一支廣告，跟友情有關，十分觸動人心。廣告中，她和閨蜜雖然沒有時間常常見面或聊天。只要有空，不管時間多寡，兩人都會一起喝杯咖啡，說幾句內心話。桂綸鎂在閨蜜面前，可以做自己，暢所欲言，不需要假裝，亦不需要刻意。他們之間的相聚，或許只在短短的幾分鐘內，卻讓他們覺得非常的自在，也很愜意；她們很珍惜如此難得情誼，並真心維持。

擁有知心朋友，能讓你的生活非常充實。

攻略小語

◎ 普希金曾言：「不論是多情的詩名、漂亮的文章，還是閒暇的歡樂，什麼都不能代替親密的友情。」人生在世，朋友占有重要的一席之地，生命當中不可或缺。

◎ 每人交友方式不同，真正的朋友是友直、友諒、友多聞，擁有真正了解你的朋友，非常難得！

◎ 蘇格拉底說過：「不要靠饋贈來獲得一個朋友。你須貢獻你摯情的愛，學習用正當的方法來贏得一個人的心。」朋友不是只能用物質維繫，更重要的是同理心和包容。

攻略 07

以「朝氣」代替「垂頭喪氣」

喪屍電視和電影有陣子非常受矚目，對於一些整天死氣沉沉的人，有人會開玩笑的說道：「你是喪屍嗎？這麼沒精神。」雖然是開玩笑，但其內涵的意義：是這樣的行為，讓人覺得不易親近，且毫無生氣。一個有朝氣的人，陽光爽朗，會莫名地讓人想親近，與之交談；垂頭喪氣的人，則讓人卻步，深怕被他「感染」，讓自己也變得毫無精神。人和人相處，一些無意間表現出的狀態，或許自己沒發現，久而久之，會讓他人出現刻板印象，產生隔閡。

殭屍嗎？不用死氣沉沉

之前有部關於喪屍的電影——《殭屍哪有這麼帥》（Warm Bodies）全球大賣，擄獲很多人的心，許多人愛上喪屍男主角。這部電影劇情是病毒毀滅文明，經歷末日浩劫的未來，很多受害者變成殭屍，失去了記憶。男主角R明明也是個殭屍，但他的與眾不同，卻讓電影變得「明亮」！

故事大綱是R喜歡上無意間闖入他生活的女孩茱莉，他產生了救她的意念。R把茱莉帶到廢棄的747波音客機上，和她分享黑膠唱片、樂器和水晶球等等。兩人對彼此漸漸了解，產生了情愫。對於未來，兩人仍有場硬仗要打。男主角尼可拉斯•霍特（Nicholas Caradoc Hoult）完美詮釋這個角色，在一種灰色陰暗的氛圍中，卻讓人感受到希望。

很多人表示意外，因為聽到「殭屍」兩字，都會產生恐懼和晦暗，這部片的男主角R竟能牽動少女心。電影如此成功，是因為一個很重要的原因：編劇和導演，讓殭屍注入更人性化的行為，變得蓬勃有朝氣。男主角R雖然因為是殭屍，外表呈現是偏向灰暗，可是他的行為和雙眸，卻讓人感受到一種生命的跳動，讓人想會和他聊天，想知道他內心的想法。

俊男美女不是最主要的因素，而是散發出來的氣質，是否讓人喜愛，吸引他人。換言之，一個人的精神和性格，是人際關係中重要的一環。人際關係的好壞，俊男美女不是最重要的，而是人格特質。一個人每天死氣沉沉，一副生無可戀的模樣，即使長相俊美，或是沉魚落雁，大家也會避而遠之吧。

曾參加一個座談會，與會者都很健談，笑容滿面。只有一個女孩，垂頭喪氣，聊天時總是苦著一張臉。

「妳還好嗎？」有人關心地問她。

「還好啦。」她一臉憂鬱，彷彿人生遇到很多波折。

後來，感受到這股強大壓力，大家心有靈犀都不找她聊天，最後約吃飯時，也都有默契地略過了她。

不要讓陰沉的外表，阻斷你良好的人際關係。否則原本就陰暗的天氣，可能會變得狂風暴雨，讓人更不敢接近，甚至逃之夭夭。

朝氣蓬勃，讓人樂於親近

人際關係不佳，若都歸咎於他人不懂欣賞，其實並不客觀。試著想想：誰願意和整天唉聲嘆氣的人親近？感覺時間久了，生命也變得開始無趣了。

之前認識了一個綽號叫「衰帥」的朋友，人如其名，外表帥氣，但很衰頹，走路還有點駝背，總拖著長長的步伐，給人精神不振，頹靡之感。只要有他參加的聚會，即使他不講話，他強大的沮喪氣場，總是感染他人。

當大家開懷大笑時，他總露出一種「沮喪」般的笑容，讓人不寒而慄。

「好像沒看過你大笑耶。」有次大衛脫口而出。

「因為沒什麼值得大笑。」他一如既往的沒精神。

直到有天，他不知道哪來的靈感，跑去參加聯誼。結果，沒有亮點，直接被打槍了。

其實相處久了，知道衰帥內涵頗佳，個性隨和，並不如他外表般。只是，要相處時間夠久才能看到這一面。但現今社會上，時間就是金錢，沒有過多時間可以浪費，人際關係分數往往打在第一眼上。

有一次，我們三個朋友約好去一間新開的咖啡廳，結果有個朋友臨時加班，只剩下我和衰帥。平常口若懸河的我，突然找不到話題。

「我覺得我的人際關係不好，除了你們幾個朋友，公司裡的人對我並不友好。」衰帥突然說道。

「你今天遇到挫折了嗎？」衰帥其實話不多，也很少提到個人私事，突然說出內心事，我聽出箇中含意。

「嗯。妳很厲害。」衰帥露出了稚氣笑容。

第一次這麼仔細觀察衰帥，發現他的五官其實是帥氣的，如果可以改變外在這種喪氣的氣質，人際關係和桃花肯定改善許多。

或許只有我們兩人，衰帥突然卸下心防，說了今天遇到的倒楣事，感覺自己被孤立了，同事對他都很冷淡。

「老實說，你長相和內在都頗優。但是你最大的阻礙是你散發出來的氛圍，還有你的表情，總是給人沮喪又陰鬱的感覺。如果你能讓自己變得有精神，朝氣十足，我想你人際關係一定會變好。」

以前讀書時，班上有個長相可愛的女孩梅格，不受同學歡迎。有天，她走在校園裡，一如既往的垂著頭。隔壁班有個很愛開玩笑的同學突然說道：「是太陽太大嗎？感覺妳快融化到地面上了。」

這句話一語驚醒夢中人，這個可愛的同學，看著自己的影子，果然有種濃濃的頹敗感。後來，她改變自己，人際關係變得與以往不同！

這件事情讓我印象深刻，所以我常常精神飽滿，生氣勃勃。後來，衰帥真開始改變自己，人際關係變好，桃花也悄悄盛開。人際關係好，並非順手拈來；同樣地，人際關係不好，並非無緣無故。如果產生距離感，人際關係自然不行。讓自己變得有朝氣，別人才會想親近。

以朝氣代替喪氣，人際變得有生氣

拉爾夫・愛默生：「快樂就像香水，不是潑在別人身上，而是灑在自己身上。」這句話一語中的。當一個人散發出喪氣的味道時，周遭的人也跟著受影響；當一個人散發出開心有朝氣的感覺時，旁邊的人便會不由自主想親近，感受這種正向的渲染。想改善人際關係，必須從基本做起，用對方法。當你一臉情緒低落，或是透露出倒楣氣息，即使你口吐芬芳，讚美著身邊的人，但被讚美的人，恐怕感受不到正能量，反而出現一種奇妙的反差，不知所措。

從今天起，以朝氣代替沮喪，以神采奕奕代替垂頭喪氣。讓人際關係變得有生氣。

攻略小語

◎ 俊男美女不是吸引他人的最主要因素，而是散發出來的氣質，是否讓人喜愛，而吸引他人。換言之，一個人的精神和性格，是人際關係中重要的一環。

◎ 人際關係好，並非順手拈來。同樣地，人際關係不好，並非無緣無故。如果產生距離感，人際關係自然不行。讓自己變得有朝氣，別人才會想親近。

◎ 拉爾夫•愛默生：「快樂就像香水，不是潑在別人身上，而是灑在自己身上。」這句話一語中的，當一個人散發出喪氣的味道時，周遭的人也跟著受影響。當一個人散發出開心有朝氣的感覺時，旁邊的人會不由自主想親近，感受這種正向的渲染。

攻略 08

習慣說謊，小心變成皮諾丘

俗話說：「說一個謊，要用一百個謊來圓。」一旦撒了謊，後續為了讓這個謊更合理，可能會因此說出更多的謊言，沒完沒了，最後還有可能露餡。謊言，有時可以讓自己脫身，或是讓自己變得完美；更多時候，是讓自己迷失，變成另一個人，忘了事實究竟是如何。曾經聽過有人盜用他人的圖片，因為照片中的產品非常昂貴，適合他的形象，後來被拆穿，除了道歉，還影響他的人際關係。

編造經歷，不行也得行

每個人個性特質皆不同，說謊有很多原因。有人是為了善意而說謊；有人是為了編織美好形象；有人是為了掩飾真實；還有就是習慣性說謊。常常說謊的人，謊言說多了，破綻百出，人際關係自然變得不好。即使明明說的是實話，但這些話語還是會讓人打折。

在外國留學時，遇到一個很特別的朋友—辛西亞。她外表樸實，身材豐腴，永遠T恤長褲，講話很豪邁，所以很快打入我們的團體。

辛西亞說她才二十出頭歲，當過祕書、企劃和特助，由於開車技術純熟，老闆很喜歡坐她開的車。當她說出自己年紀時，大家難以置信，因為她外表看起來應該已經三十而立。不過有人外表長得比較著急，或許如此，所以大家也沒在年紀上多著墨。

我們朋友當中有個出社會多年，存夠錢才來大學讀書的學姊，叫做以莎，卻對她存疑，不是很喜歡她。所以，每當辛西亞說自己豐功偉業時，以莎雖然禮貌點頭，但卻很少回話。有一次，以莎和我單獨喝咖啡，突然說道：「妳不覺得辛西亞的經歷很不真實，而且講話有些前言不搭後語嗎？」其實，我也發現辛西亞有時候講話有矛盾，但我想或許她記錯，或是講得太開心而誇張了點。

某一天中午，大家一起吃飯時，辛西亞突然說道：「你們知道嗎？我人生第一個名牌，是老闆送我的。我當他祕書好幾年，有次見外國客戶時，我因為英文流利，幫他不少忙，所以他為了感謝我而讓我挑一個名牌包。後來，還請我吃大餐，跟我告白呢！」

「但是，妳不是才二十出頭歲嗎？怎麼工作好幾年了？」以莎忍不住問道。

「那個……因為……我從小出來打工。」辛西亞眼神閃躲，說出了一個答案，但其他人也覺得有點古怪。引起大家質疑的另一點是：辛西亞的英文並不算好，正在讀ESL中級班。

後來，這種事情層出不窮，辛西亞的故事越來越誇大。譬如她說當祕書時，每天都穿短裙襯衫上班，讓人吹口哨；還有，會穿著名牌禮服和踩著水晶高跟鞋去參加高級宴會，認識不少政商名流……她描述的內容，隱隱約約讓人覺得劇情似曾相識，好像在哪部戲劇中出現。我們認識她以來，她從來沒穿過裙子，甚至短褲，更沒穿過有跟的鞋子，都是球鞋。

又有一次，大家聊到最難忘的追求者。辛西亞馬上興致高昂，高談闊論。她開心地說：「我二十七歲時，遇到一個高富帥的男孩，他追我追了幾個月……」

「等等，妳不是才二十出頭？」安妮下意識問道。

除了安妮，其他人也紛紛表示疑惑。這已經不能說是口誤，因為說錯年齡的機率實在太低，除非說謊。

面對大家的質疑，辛西亞好像扛不住了，思考了一下，竟然跟大家道歉：「各位，我很抱歉，因為怕妳們覺得我太老，會產生隔閡，所以撒了謊。其實，我已經三十歲了。」

周圍一陣靜默，她的坦白驗證了大家的問題。或許她真的太寂寞，所以在年齡說了謊。

然而，謊言如雪片，越飄越多，不知道何時停止。對於她之前說的工作和情史，大家也開始覺得「會不會也是編造的呢？」她的人際關係逐漸降到冰點，很多人對於她說謊的習慣，不知道哪些該相信？哪些又是捏造的呢？

原本辛西亞是我們的開心果，卻因為她的謊言，讓人產生反感。一次的「意外」，讓同情她的人，更是失望到極點。

那天安妮開車載我和以莎出去喝咖啡，在咖啡廳遇到了辛西亞，她問我們是否能順道載她一程。沒想到，這時候安妮突然身體不舒服，於是請辛西亞幫忙開車。

她一臉為難，以莎問道：「妳不是很會開車嗎？」

「當然會。」辛西亞咬牙說道。

從她神情中，我感覺到她似乎沒說老實話，但開車攸關安全，應該不敢撒謊吧。沒想到車子一上路，橫衝直撞，大家趕緊叫她停車。

「其實，我只練習過幾次，我並沒有駕照。」辛西亞終於說了實話，讓人傻眼又不知道如何是好。

楓葉片片，景緻浪漫，但大家卻是心寒。一個謊，還要更多的謊來圓。

經過這些事件，大家對於她說的「故事」，變得不相信，也不喜歡和她聊天，因為無法確定她和大家分享的事情，是真實的還是只是一齣戲。之後，辛西亞不斷和大家道歉，花了很多時間修補她的人際關係。

人際關係中，說謊是最大的致命傷之一。除了讓人際關係變差，還會產生不信任感，這是需要花費很多時間修復。即使改正了，很多人仍然會有疑竇，無法置信。這是一段漫長之路。所以，想擁有良好的人際關係，千萬不要養成說謊的習慣。雖然我們說謊不會像皮諾丘一樣，鼻子會變長，然而在別人眼裡，已經出現無形的變化，已經打上負分了。

圓謊，讓自己陷入泥沼

上班族，難免會遇到上班遲到的窘境。當上班遲到，你是實話實說，還是編造出「千奇百怪」的藉口？

晶靜的上司很嚴格，對於下屬遲到，總會面露不悅，甚至會關室詳談，希望下次不要再遲到。所以，大家幾乎不敢遲到。但是他們有個叫銳普的男同事，每次遲到，都會有理由。看他疲倦的面容，推測就是睡過頭，但他卻不承認，或是會當天突然打電話來請假，理由也是非常多元。

最離譜的一次，讓晶靜的上司氣到大怒。那天，有個重要會議要開，負責記錄的人員是銳普。還有十分鐘就要開會，他沒出現，晶靜連忙打電話給他。結果他虛弱的說在來公司的路上遇到車禍，被「撞飛」了，現在人在醫院就診。晶靜聽到出了意外，連忙安慰他，並且自願幫他記錄開會內容。

「麻煩跟副理講一下，咳咳。」銳普虛弱地說道。

副理聽完後，雖然有點狐疑，但仍選擇相信，並打電話給他想知道一下經過。沒想到電話一直沒人接。

第二天……第三天……銳普仍然沒來上班，理由一樣，因車禍要在家休養。同事有點擔心，想去探望他，但都遭到拒絕。直到第四天，銳普出現在公司，不僅身上沒有傷痕、沒有石膏，還健步如飛、容光煥發，完全和電話中聲音截然不同，彷彿車禍這件事情，完全沒發生過。

副理忍不住問道：「你不是發生了車禍？傷好了嗎？」

銳普回答：「對啊，休息幾天已經好了。」

公司的人覺得又被耍了；為了請假，竟然連「車禍」都可以拿來當藉口。自此之後，每當銳普想請假，面對眾人的眼光，他卻渾身不自在。如今銳普在辦公室的人際關係變得更差，因為大家覺得他不坦承，而且睜眼說瞎話，讓人無法接受。

鼻子變長，人際關係變短

當說出一個謊，很難就只是一個謊。為了不被發現，常要說出更多不實的內容來讓人相信，衍生更多問題。雖然當下有很多原因，可能是不想被責備，想轉移話題、想讓他人羨慕、想贏得他人注意等等，原因千百種，但是重點就是說謊。更可怕的是，有人因此而「說謊成性」。

我有個朋友，她說出的故事，半真半假。譬如，她說非常愛買鞋子，但是認識她一年來，她永遠都穿同一雙。每當約她逛街，她永遠「剛好有事」，之後，朋友也漸漸不約她了，她也逐漸消失在我們的生活圈。

一刻的滿足，造成日後需要用更多的謊言來補足，反而會造成更多的痲煩。所以，別輕易說謊，否則，當你有天照鏡子，會發現連自己都不認識自己了。

攻略小語

◎ 謊言，有時可以讓自己脫身，或是讓自己變得完美，更多時候，是讓自己迷失，變成另一個人，忘了事實究竟是如何。

◎ 想擁有良好的人際關係，千萬不要養成說謊的習慣。雖然我們說謊不會像皮諾丘一樣，鼻子會變長，然而在別人眼裡，已經出現無形的變化，已經打上負分了。

◎ 一刻的滿足，造成日後需要用更多的謊言來補足，反而會造成更多的麻煩。別輕易說謊，否則，當你有天照鏡子，會發現連自己都不認識自己了。

攻略 09

雙面人，代替月亮懲罰你

人際關係中，雙面人受人討厭的程度絕對是前五名。人前一個樣，人後又不同。從求學階段到踏入社會，身邊總少不了這類的人。剛開始識人不清，或許誤信對方而吃了悶虧。雙面人很容易被拆穿，卻又樂此不疲。職場上，別讓自己成為雙面人；也不要對雙面人一味退讓。面對雙面人，情緒控管很重要，因為你的失控，會讓他們覺得獲得掌控。

雙面人，人際關係的拖油瓶

雙面人的演技非常好，面對不同的人，進退有度，永遠懂得如何推波助瀾，讓雙方衝突，而自己隔岸觀火，得意洋洋。

小墨分享他公司一個雙面人的故事……

之前公司來了一個新人貝拉，是職場中雙面人好手。貝拉外表清秀，給人的第一印象和氣溫和，與人為善。每當大家討論公事時，她總是點頭微笑，表示同意。如果同事要聚餐，她也都毫無意見，舉雙手贊成。對於這位新進員工，大家都覺得很好相處，非常喜歡。

辦公室裡最有能力的兩個人是小墨和辛蒂，兩人之間有些好感，但一直沒人主動踏出第一步。貝拉很快就發現這股湧動的暗流。有一次，當貝拉和另外一個女同事辛蒂聊天時，看到小墨從辛蒂背後走過，她突然提高音量，冒出一句：「妳為何討厭小墨啊？他得罪妳了嗎？」貝拉確定小墨有聽到，因為他朝她們看了一眼。

辛蒂一臉茫然：「我沒有討厭他啊，我是對事不對人。」

「我了解，他很龜毛。反正我們是好姊妹，我一定挺妳，和妳一起打擊惡勢力。哈哈。」當貝拉看見小墨離開時，馬上轉換另外一種態度。

辛蒂請假的那天，中午吃飯時，貝拉故意坐到他旁邊：「你是不是和辛蒂不合啊？

男孩子要讓一下女生啊，否則會讓人反感。」

「沒有吧。她跟你說了什麼？」小墨突然想起之前他聽到辛蒂和貝拉聊天時，似乎提到「討厭他」這些字眼。

「我覺得你能力很好，但可能你們能力都很好，有競爭關係。所以，她把你說的一文不值，說你剛愎自用，還在尼爾面前數落你。雖然我跟辛蒂很好，不會出賣她，但是又替你不值，於心不忍。」

「辛蒂不是那種人吧。」小墨雖然不相信，但那天聽的那句話，卻讓他有些懷疑。

「我想她也不是故意說你壞話，可能只是隨口說說。我是義氣相挺，才跟你說這些話，你也不要放在心上。」貝拉故作天真，眨眨眼說道。

輕輕鬆鬆，小墨和辛蒂之間，悄悄出現一條看不見的裂縫。

小墨和貝拉同部門，兩人常常要討論公事，有次兩人意見不合，小墨驚訝地發現：貝拉也有固執的一面。剎那間，他看到貝拉面露一絲不耐，低聲說了句：「自以為是。」

「你說什麼？」難道是我聽錯了？

「我說，如果我有問題，可以傳 Line 給你嗎？全公司的男性，我目前只有加你的

Line 喔。」貝拉故意曖昧地加了一句。

可惜，貝拉不是小墨的菜，他並沒因此而覺得榮幸。這件事情發生幾天後，有天小墨有事情要請示主管，正當準備敲門時，聽到貝拉的聲音，以及令人難以置信的對話。

「妳說小墨喜歡妳？」主管尼爾驚訝地問道。

「對啊，他暗示對我有好感，一直傳 Line 給我。但是我不想談辦公司戀情，不知道該如何拒絕他。所以，他好像對我有微言，有意無意找我麻煩，我好擔心。」貝拉用著濃濃地鼻音說道，彷彿受了委屈。

「小墨應該不是這種人。」尼爾眉頭緊蹙。

「我知道你們不會相信，所以我只告訴你一人，拜託你不要說出去。」貝拉似乎怕被懷疑，聲音更加「淒涼」。

小墨沒想到貝拉是這種雙面人，本想直接闖入拆穿她的真面目，但覺得這樣會把事情弄得更僵，讓人覺得風度不夠。但他現在知道要開始提防貝拉了，免得貝拉扯他後腿，他還不自知呢！還有，他必須和辛蒂好好聊聊，解開不必要的誤會。

雙面人，out！

雙面人，就是有兩副以上面孔的人。透過雙面人的行為，達到自己內心的慾望和目的。大部分的雙面人都有點幸災樂禍，喜歡看人被玩弄於股掌中，而自己如同一朵盛世白蓮，單純無害，事不關己。

有篇文章寫的是一位女演員，因為知名度不上不下，為了增加自己的熱度，對於知名度或人氣比自己高的男星，會「假裝」是女漢子，跟對方動手動腳，裝好哥兒們，媒體自然有素材可拍，她也能順理成章的成為男明星的「好友」，人人都把她當成白月光。但一旦男方閃躲，拉遠距離，她又會假裝若無其事地說道：「人家是女生耶，你也太小家子氣了吧，大哥。」順勢又以身體靠近對方。

每一次媒體拍到她和男明星打鬧的照片，請她解釋時，她總是故作嬌羞，引發他人無限遐想。這種手段自是高超，懂得運用媒體，除了炒作自己熱度，又能讓自己獲得「粉紅知己」的美名。相反地，若遇到不紅的異性或同性，她反而顯得意興闌珊，別說講話了，連假意的職業笑容都很少見，整個人變得沉默又嚴肅；冷冽的眼神，不耐的神情，七月天都變得寒氣逼人。如果對方不對她屈意奉承，她甚至會在背後暗箭傷人，修理對方。

故事雖然只是故事，然而卻是人生百態的縮影，真實又殘酷。

職場上，這種人亦很常見。辦公室有兩個同事艾莎和梅莉，兩人雖然不同類型，艾莎純樸，很少化妝；梅莉漂亮美艷。但兩人交情很好，常一起吃飯，一起逛街，互相誇獎對方，大家覺得職場上能交到知心好友真不容易。沒想到，同事發現，梅莉的衣服艾莎之前似乎穿過，她開玩笑說道：「姊妹裝嗎？」梅莉突然面露不屑，「拜託，艾莎是俗女耶，我品味沒這麼差吧，這件衣服以後不穿了。」說完之後，她發現自己說錯話了，聲稱自己開玩笑，快速轉移話題。然而，我們清楚的看到她說這些話時，漂亮的臉蛋卻是刻薄的嘴臉，讓人非常訝異，也難以忘懷。自此便對她的評價和為人，開始打上問號。

玩弄此計，後會無期

面對雙面人，心裡要有數，學習如何應對，不能再傻白甜。面對這種人，逃避和無視是無法阻止對方的挑釁。最好的方式是見招拆招，看到對方出「賤招」，想辦法讓對方現出原形。如果手段更高明，還可以用計，請君入甕，讓其自食惡果，知道雙面人不是這麼好當的。而樂當雙面人者，也請小心，一旦被拆穿，人際關係可能從此陷入冰層，難以回溫。

攻略小語

◎ 面對雙面人，情緒控管很重要，因為你的失控，會讓他們覺得獲得掌控。

◎ 大部分的雙面人都幸災樂禍，喜歡看人被玩弄於股掌中，而自己如同一朵盛世白蓮，單純無害，事不關己。對這種人要特別小心，保持距離，以測安全。

◎ 面對雙面人，心裡要有數，學習如何應對，不能再傻白甜。面對這種人，逃避和無視是無法阻止對方的挑釁。最好的方式是見招拆招，看到對方出「賤招」，想辦法讓對方現出原形。

攻略10

直言和白目，只有一線之隔

話說得好，會讓人如沐春風；話說得不好，會讓人水深火熱。說話過於直接白目，會讓對方受傷，難以招架，久而久之，會讓他人產生排斥和厭惡。人際關係中，「白目」絕對是一把利刃，尤其，以直率之名，行白目之實，再加上一副無辜的表情，著實令人反感。人和人之間，如果不懂尊重，不懂說話的眉角，這段關係必然會越來越差，最後各奔西東。不管是校園、職場，或是家庭，講話切忌不經大腦就脫口而出，相信我，你一秒的快樂，會讓你人際關係，出現長久的裂痕。

你的白目，別人的白眼

白目有可能是天生，但後天絕對要改變，如果把白目當有趣，人際關係真會岌岌可危。若已經發現別人對你避而遠之，請檢討自己的言行是否有問題。

詩雯的辦公室裡，有一個外號「白目人」的同事史丹，不管公事、私事，他總是拿無聊當有趣，說出的白目話語讓人下不了臺。

有一次開會時，大家討論要辦活動來推新產品。當經理決定要把這個項目給詩雯負責時，史丹不甘寂寞的說道：「詩雯和我們的活動名稱《白雪公主》太match了。」

「妳是說我像白雪公主嗎？」詩雯心想，太陽打從西邊出來了，竟然誇她。

未料，史丹回道：「當然不是，妳的身高剛好符合白雪公主……旁邊的七矮人，哈哈。」

眾所皆知，詩雯最忌諱別人說她矮，但史丹卻不分場合，隨意說道。

經理直接打斷他：「史丹，你真的很白目耶。」

沒想到，史丹還以為經理在和他開玩笑，還露出得意微笑。

又有一次，詩雯開心地和大家分享出遊拍的照片，結果史丹經過，又發揮白目本領，大聲地說：「哇，這是妳？照片修太大了，都不像妳了，太誇張了。」

詩雯忍不住給他一個白眼，迅速把照片收起來，原本融洽的氣氛，變得尷尬。或許詩雯脾氣好，史丹的白目在她身邊發揮的淋漓盡致。

終於有一次詩雯大反擊了！那一天，詩雯穿了一件紅色碎花洋裝，當大家稱讚漂亮時，史丹剛好經過，說道：「哇，妳要去提親嗎？穿的像媒人婆似的。」

詩雯沒好氣地說反擊說：「你別把白目當好玩，一點都不好笑。」

史丹說道：「我實話實說有錯嗎？」

白目史丹的精采事蹟，多到可以出本冊子。後來每次只要看見他，大家都會很有默契的閉嘴，將他當成空氣人。

白目有很多種，大部分的人不知道自己做出這些事，但有些人卻是故意為之，吸引眾人目光。不想被當成眾人嫌，就管好自己的言語，別當個白目人。

改變白目習慣，人際關係轉彎

不想人際關係差，千萬要改變白目的習慣。

那天，在咖啡廳和朋友喝咖啡時，聽到了隔壁桌驚險的一席話，清楚演繹白目如何傷害友誼。

隔壁坐了兩個打扮時尚的女孩，一個長髮、一個短髮。剛開始兩人聊天還算愉快，當長髮女孩說道：「我男友人真的很好，對我很大方。昨天我們去逛街，他還送我一雙鞋。」

「送鞋？送鞋不是代表要分手嗎？他在暗示妳嗎？」短髮女孩白目的說道。

「妳想太多了啦。這雙鞋是我看中的，只是他幫我付了錢，當禮物送給我。」長髮女孩笑著解釋，但明顯有點想結束話題。

「妳還真天真，反正妳小心點。我覺得他雖然有點矮醜，但是有錢，身邊應該有很多蜜蜂蝴蝶。妳不是說他很忙，常常不接電話，說不定……哪天被人搶走了，妳就哭哭了。」

空氣突然凝結，兩人同時沒再說話。

「妳看，這是我買的手鍊，好看吧？」氣氛不好，長髮女孩開了新話題。

「老實說，不是很好看耶。妳手肘比較黑肥，不適合粉色系，反而顯黑。」短髮女孩用誠摯地臉，說出白目的話。

此時，有個捲髮女孩端了咖啡走了過來，問道：「抱歉，我遲到了。」

短髮女孩說道：「道歉沒用，下次早點來，每次都一堆爛藉口。說吧，這次要編什麼理由？」

捲髮一臉尷尬，看了長髮女孩一眼。

長髮女孩突然鼓起勇氣對短髮女說道：「凱蘿，妳不覺得妳有時候講話很白目嗎？」

「會嗎？還好吧，我只是不喜歡說謊。」她看了捲髮女孩一眼。

白目人的藉口，永遠都以「實話實說」當幌子。

長髮女孩說道：「妳沒發現只有我們兩個還會和妳出來嗎？其他幾個姊妹，每次都剛好有事。」

捲髮女孩接著補充，「凱蘿，我們是把妳當好友才會勸妳。」

短髮女孩可能覺得不好意思，突然說道：「我還有事，我先走了。」

她一離開，兩個女孩繼續討論。不知道下次，她們還願不願意和她出來。

改變白目習慣，人際關係才能轉彎。

直言不代表白目，學會聰明說話

說話是一門必修課，因為即使外表光鮮亮麗，身穿名牌華服，但白目的人一開口，在短短幾分鐘內，會把自己從五星變成負分。白目和直言不同，話點到為止，有理不要氣盛。當白目變成了習慣，人際關係讓人擔憂。學會聰明說話，減少白目言語。當有人提醒你講話會讓人反感時，便要懂得自省，而不是臉紅脖子粗的一爭長短。白目和直言，只以一線之隔，但是人際關係卻相差十萬八千里。想改變人際關係，從今天起，收起白目言語和行為吧。

攻略小語

◎ 人際關係中，白目絕對是一把利刃。人和人之間，如果不懂尊重，不知說話的眉角，這段關係必然會越來越差，最後各奔西東。

◎ 白目有可能是天生，但後天絕對要改變，如果把白目當有趣，人際關係真的岌岌可危，當你發現別人對你避而遠之，請檢討自己的言行是否有問題。

◎ 說話是一門必修課，因為即使外表光鮮亮麗，身穿名牌華服，但白目的人一開口，在短短幾分鐘內，會把自己從五星變成負分。白目和直言是不同，話點到為止，有理不要氣盛。

攻略 11

抱怨，是孤立自己的一把利刃

馬可・奧勒留在《沉思錄》提到：「只要將你的成見與不滿拋到一邊，那麼你就不會再有這樣的抱怨：我被傷害到了。而只有你把這樣的抱怨拋諸腦後，你所受到的傷害才能最終煙消雲散。」當自覺不滿而產生抱怨，傷害則不停的加深。抱怨人人皆有，只是如何處之；放大，是最不智的選擇。抱怨讓人產生負面磁場，漸漸地影響人際關係。

不抱怨的人生，很棒

不抱怨的人生，或許不容易做到，但請試著學習。一個整天被怨言圍繞的人，開心怎麼會靠近你呢？這種負面人生，何時才能天朗氣清，一帆風順呢？

有幸聽過總是以樂觀代替抱怨的口足畫家謝坤山老師的演講，其風趣、幽默、正面、樂觀，讓觀眾笑聲不斷，掌聲連連。他的一席話讓人如醍醐灌頂，不由自主的想改變。謝坤山老師因為意外遭受電擊，失去雙臂和一條腿，本以為這已經是谷底，沒想到後來又因為意外，再次失去一隻眼睛。面對這樣殘酷的現實，他並沒有因此被打倒而一蹶不振。雖然身體殘缺，然而卻未成為他的束縛。他從小喜歡畫畫塗鴉，失去雙手後，拿筆成為最大的問題，後來他學習用嘴巴咬住筆寫字和畫畫，並成為有名的畫家！

有些人，稍遇不順心之事就怨天尤人；未盡如人意，就怨天怨地怨世界。反觀謝坤山老師，即使遭遇這麼多挫折，他卻不抱怨，正向以對，把這些挫折當成養分，活得陽光自在、愜意又開心。他以幽默代替抱怨。記得他說過一個故事：有一天，他女兒拿了一張分數不好的考卷給他看，以為會被父親罵，所以一臉擔心。未料，謝坤山看到考卷後，不但沒處罰她，反而笑著跟女兒說這個分數表示妳有很大的進步空間。女兒聽完後，壓力一下釋放，覺得很有道理，反而更認真讀書。謝坤山說：「任何人都可以可憐你、放棄你，只有一個人不行，那個人就是『謝坤山』。」因為他要活下來，而且「活得有尊嚴」。他不抱怨的人生，足以讓人反思當成學習的標竿。

抱怨，被怨言擁抱

抱怨，是把刀，刺傷了你，也刺傷了別人。

多年前，認識了富家女安妮。試著想想：父母對她百依百順、關心體貼。想要汽車就買給她，想要出國二話不說就答應。這樣的生活，有多少人是羨慕的，尤其從大學就開始打工的依依。然而安妮卻總是抱怨。

有一天，我和安妮一行三人在咖啡廳，出現了以下的對話：

「安妮，真的嚮往妳的生活，我連機車都是存錢好久才買到的。」依依打從心底羨慕。

「他們因為補償，才買給我。」安妮面帶不悅。

「補償？」我疑惑地說道。

「對啊，因為父親工作忙，所以買車補償，才不會覺得不安。」安妮理所當然的口氣。

「天啊，妳也太負面了吧。你父母打電話給你的次數，可比我家人多很多呢。」依依一臉不可置信。

因為我們聚餐時，安妮常接到父母的電話，關心她幾點回家，或是在哪吃飯，需不需要接她。

「我覺得不夠，別人的父母還買房子給女兒，我都沒有……」接下來，就是安妮一連串的抱怨。

安妮人際關係不太好，朋友一直很少，或許她這種已經擁有比他人多更多幸福的人，卻仍不知足的個性，讓人覺得不舒服吧。跟她不熟時，安妮還懂得適時的停止抱怨，但隨著彼此的熟稔，她的抱怨越發誇張。

依依常常以自己的例子勸她往正面的方向想，就便懂得自己比他人幸運很多。

「我還是覺得我父母對我不夠好……」安妮除了愛抱怨，難以溝通也是讓她人際關係奇差無比的原因之一。

至於為何我們還願意和她當朋友？因為她雖然愛抱怨、任何小事情都可以放大，但是她還是有善良的一面。而且俗話說：「近朱者赤，近墨者黑」，相信安妮減少抱怨是指日可待的。

讚美代替抱怨，正向的人際關係

富蘭克林曾言：「我未曾見過一個早起、勤奮、謹慎、誠實的人抱怨命運不好。」因為正確的價值觀和人生觀，會讓人走向不同的人生。每天抱怨的人，很難真正開懷，而且會陷入負面的漩渦，越陷越深。當然人際關係也會因此而陷入黑暗的深淵。想要擁有美好的人際關係，請以讚美代替抱怨，希望代替絕望，不怨懟的人生，才會有正面的人際關係。

攻略小語

◎ 馬可・奧勒留在《沉思錄》提到：「只要將你的成見與不滿拋到一邊，那麼你就不會再有這樣的抱怨：我被傷害到了。而只有你把這樣的抱怨拋諸腦後，你所受到的傷害才能最終煙消雲散。」

◎ 抱怨的人生，或許不容易做到，但請試著學習。一個整天被怨言圍繞的人，開心怎麼會靠近你呢？這種負面人生，何時才能天朗氣清、一帆風順呢？

◎ 富蘭克林曾言：「我未曾見過一個早起、勤奮、謹慎、誠實的人抱怨命運不好。」因為正確的價值觀和人生觀，會讓人走向不同的人生。

攻略 12

職場傲慢，人際關係聲聲慢

《傲慢與偏見》裡面有許多經典佳句，其中一句是：「驕傲多半是由於我們對自己認知的過分膨脹；虛榮則是我們期望別人對我們的看法。」當時看這本書時，砥礪自己，切莫不要讓自己成為這樣的人，造成他人的厭惡。進入職場後，發現這樣的人並不少，常常在洋洋得意之時，忘記在言語中早已洩露自己的不足，並且讓人際關係跌落谷底。只剩下風聲雨聲陪伴他，所以，職場傲慢破壞自身人際關係，千萬要避免。

傲慢，讓人際關係陷入冰點

麥崎，一個用權力展現傲慢的人，最後失去同事的支持和情誼。

第一次見到麥崎，是在一次開會的場合。主題講完後，她突然話鋒一轉，說道：「新人，是需要磨練的。我在這方面，號稱大魔王，很多新人都笑著應徵，哭著離職。」說這些話時，她的表情透露出一種喜悅，讓人傻眼。她似乎很滿意我們的好奇表情，繼續說道：「你們很想知道吧？今天遇到我是你們的福氣，跟你們分享幾個例子，你們好好學一下啊！」

她笑容滿面說了一個故事，但對我們而言，簡直是種職場傲慢，甚至霸凌。

麥崎之前應聘一位新人，剛從大學畢業幾個月，是個態度溫和有禮的女孩。第一天上班時，麥崎請她去影印十份幾十頁的資料。新人拿了資料後，去請教了同事，這個舉動被麥崎看到。於是她慢條斯理地跟著新人說：「連影印都不會嗎？今天早上，妳就在影印機旁假裝影印動作，應該就學得會了吧。」

「假裝影印動作？」新人一臉疑惑。

「對，就是沒有文件，重複假裝影印的動作。而且，還要大聲說『要影印了』。」

於是，新人做了一早上的影印假動作後，下午就離職了。

「你看，現在草莓族一堆，叫她站在影印機旁邊接受訓練就受不了，以後怎麼成功？」

「但是沒資料假裝影印，不是很怪嗎？」小丁提出質疑。

「就是怪才好。目的就是要讓人笑她，她才會覺得丟臉，之後她就會記取教訓，學到更多的技能。誰叫她是新人，我是主管，凡事要順著我的心情做事。」麥崎一臉訕笑。

她臉上露出不屑和得意的笑容，我迄今難忘。她的人際關係肯定不好，只是她選擇無視。

自以為是，讓印象扣分

「新人，就是拿來練口才和展威風的。」麥崎再度口出狂言。

麥崎真的是典型的權力傲慢者，即使我們不是她下屬，她講話依然高高在上。

「有次，我面試了女助理，對方學經歷都符合我的要求，唯一讓我不滿的就是她的穿著，非常的樸素。不過沒關係，等她進公司，我會好好的教育她。」

麥崎表示這個助理能力很強，工作經驗豐富，為人謹慎小心，但是她的穿著真的不敢恭維。於是她在某天開會時，她故意請助理站起來，要讓她上一堂永生難忘的課程。

「你們看看我助理若萱的打扮，是不是很有問題。人要衣裝，尤其是職場上。如果妳能力達標，但總是穿著宛如菜市場買來的衣服，那麼給人印象是會大扣分。」

助理臉一陣青一陣白，解釋道：「這不是從菜市場買來的，而且我個人比較傾向乾淨整齊的打扮。」

「大錯特錯。沒有名牌的加持，給人感覺就是難看又沒品味。」麥崎依然不饒她。

後來助理若萱果然改變了穿著習慣，麥崎覺得這是自己的功勞。

聽完她的理論後，同事芬妮表示自己反對的意見。沒想到，反被麥崎修理一頓。她秀著她身上的名牌襯衫和長褲，以及價值不斐的手錶說道：「妳看，妳的外表平庸又不亮眼，再不打扮，對得起僱用你的主管嗎？」

芬妮個性火爆忍不住反擊：「名牌又不代表品味。我猜妳人際關係課程應該不及格吧？話語總是透露著自命不凡。」

或許被芬妮說中弱點，麥崎輕蔑地瞪了她一眼。

麥崎離開後，大家對她的行為都無法苟同，紛紛慶幸不是我們同事。不到一年後，聽說她被下屬錄音並舉報人身攻擊以及毀謗，後來就被炒魷魚了。這個結果不意外，畢竟人際關係好壞在職場中，占著非常重要的一環。

善意，勝過千言萬語

記得盧梭的一句名言：「善良的行為有一種好處，就是使人的靈魂變得高尚了，並且使它可以做出更美好的行為。」職場中如果以自己身為上司，對下屬展現傲慢的權力，導致他人身心受到傷害，就是不及格的上司。一個沒有職員支持的上司，在工作方面，難以大獲成功；這樣的上司，人際關係亦相對不佳，因為無法獲得下屬的尊重和認可。善意，勝過一切，當獲得下屬真心敬重，工作自然也能順暢。

攻略小語

◎《傲慢與偏見》裡面有許多經典佳句，其中一句是：「驕傲多半是由於我們對自己認知的過分膨脹，虛榮則是我們期望別人對我們的看法。」

◎ 記得盧梭的一句名言：「善良的行為有一種好處，就是使人的靈魂變得高尚了，並且使它可以做出更美好的行為。」職場中如果以自己身為上司，對下屬展現傲慢的權力，導致他人身心受到傷害，就是不及格的上司。

◎ 善意，勝過一切，當獲得下屬真心敬重，工作自然也能順暢。

攻略
13

認真工作的人，最動人

認真的女人最美麗，認真的男人最帥氣。其實認真工作的人，散發出來的氣質，讓人欣賞，比較受到同事的歡迎。相反地，喜歡摸魚偷懶的人，會讓人看不起。舉手投足間，會忍不住輕蔑。尤其是職場上，大家都是受薪階級，如果表現出對工作不認真，更甚者只挑輕鬆的事情，更容易造成他人不滿。事實上，認真工作的人才會受人愛護。

不認真的人，魅力減分

當我們看電視上藝人表演時，哪個歌手最認真，哪個歌手準備不足，哪個歌手划水偷懶……觀眾其實都看在眼裡。準備充分才能表現完美，對這樣的藝人觀眾多半會產生好感。如果常忘詞或是總感覺不在狀況內的，觀眾會覺得不敬業而產生反感。曾經看過一個表演，因為又要唱又要跳，非常不容易。然而，在這段表演中，我注意到其中一個，不管是唱歌還是跳舞都表演得很好，顯示他下了很多工夫，也花了很多時間準備這場表演。其實，時間都用去哪裡，結果會告訴你。在職場中，對於工作絕不混水摸魚的人，同理可證，也會讓人產生好感。有人覺得反正是團體工作，如果出現問題，其他人會幫你，所以工作時，就會心不在焉。

凌宇外表帥氣，為人隨和，剛到公司時，頗受女同事歡迎。然而，時間一久，他對工作不上心的態度，讓他的魅力遽減，都快出現負分了。上班時，常見他和周公下棋。偶爾打瞌睡，上司會睜一隻眼，閉一隻眼，但是他的頻率之高，上司只能找他討論；有時候，心情不好還會打電話跟朋友聊天。一次兩次，大家看在眼裡都忍不住批評，實在太不負責任了。

混水摸魚，小心大白鯊

偶爾摸魚，對某人而言可能是繁忙工作中的一種小確幸。然而，如果摸魚太離譜，小心摸到大白鯊喔。

布德是一間公司的小主管，由於工作並非很繁忙，再加上手下能力很好，助益不少。因此，他常常在上班時間上網，看看購物平臺，或是查查旅遊資訊。這些網站跟他工作八竿子打不著，這只是他打發時間的方式之一。有時候，心血來潮，還會用公司電話打給朋友。其實，如果這些行為偶爾為之，下屬可能不會有微言。但是，由於次數太過頻繁，導致其他人對於他的行為產生怨氣。雖然布德每次瀏覽完網站後，他會自以為聰明的回到首頁，殊不知，電腦上面都有瀏覽紀錄，他並未刪除，只要查閱瀏覽紀錄，就可以得知他之前看過的網站。有一次，他消失了大概半個小時，因為剛剛和朋友聊天，一時忘了時間，結果副理看到，勃然大怒，便說了他幾句。

除了偷懶的壞習慣，布德和其他員工的關係不融洽，所以從來沒人幫他慶生過。其他主管看到他工作如此不認真，對他的評價自然也不高，所以他在辦公室的人際關係也不好。有一次開會時，報告的內容有些錯誤，他竟然將過錯全部推給下屬羅傑。這份內容是他閱讀後同意，下屬才打字列印出來的。布德審閱的時候，可能專心度不夠，沒發現其中的資訊有誤，所以點頭同意。

後來，羅傑一氣之下，將布德上過的網站，全部列印下來交給經理。經理之前也看過布德的工作態度不佳，早就心生不滿，最後，將布德降職，改由羅傑當主管。

做事不認真的人，常常有千百個理由，總覺得有問題時，別人會出來扛。這些行為，眾人都看在眼裡，時間一長，心中便會產生越來越多的怨懟。因此職場工作時，工作態度好壞，也會影響你的人際關係。

認真工作，散發迷人光彩

奧勃魯切夫：「人能為自己心愛的工作貢獻出全部力量、全部精力、全部知識，那麼這項工作將完成得出色，收效也更大。」工作，不是用來打發時間的地方。一舉一動，其實他人都看在眼裡。全心投入工作的人，往往會受到他人的欣賞。因為這種工作態度，會散發出迷人光彩。將工作完美並出色的完成，別人對你的評價，自然是正面和誇讚。

攻略小語

◎ 認真的女人最美麗，而認真的男人最帥氣。其實認真工作的人，散發出來的氣質，讓人欣賞，比較受到同事的歡迎。相反地，喜歡摸魚偷懶的人，會讓人看不起。

◎ 做事不認真的人，常常有千百個理由，總覺得有問題時，別人會出來扛。這些行為，眾人都看在眼裡，時間一長，心中便會產生越來越多的怨懟。因此職場工作時，工作態度好壞，也會影響你的人際關係。

◎ 全心投入工作的人，往往會受到他人的欣賞。因為這種工作態度，會散發出迷人光彩。

攻略 14

職場友情，停看聽

有人說：「學生時代的友情才能長久。」相對的，職場上的友情非常脆弱。友情誠可貴，請先停看聽。在真實情感之前，要多方面觀察，只要有可能涉及到利益關係，再好的友誼，都可能因此而變調。事情雖沒有絕對，不過有一些情況最好盡量要避免。在職場人際關係中，可以保持友好關係，或互相傾訴，或是互相幫忙，但請記住：一旦關於批評或是抱怨公司，這些內容必須自我檢視，不能脫口而出，否則造成的傷害是難以數計的。更重要的，涉及隱私或祕密，絕對不要告訴職場同事。

友情誠可貴，意義價更高

剛進入職場時，我抱持著一股赤誠和真心誠意與大家互動良好。當時有一個新員工叫喬貞，人看起來善良無害，態度溫和而且貼心。很快的就融入我們原本的五人小組團體。由於是新進人員，因此，我盡可能的照顧她，讓她工作能快點上手，不會覺得無所適從。下班後，我們也會去吃飯喝咖啡，聊聊工作上的瑣事。喬貞有時候會批評公司，我只能勸她工作本來就無法盡如人意，只要放寬心，盡量不要在公司說長道短，抱怨只會增加許多負面情緒，對工作並無實質幫助。

奇怪的事情發生了。之前我們聚會時聊天的內容從來就沒有外洩過。然而，喬貞加入了幾星期後，主管突然找我們興師問罪，詢問我們是否對工作有所不滿。如果有任何意見請當面提出，不要在背後搞小團體、討論公司是非。當時大家一頭霧水，不知道主管從哪裡聽到的資訊。大家安慰自己，或許主管只是想試探我們罷了。

沒多久，相同的事件再度發生。一次是巧合，兩次都很難再解釋了。這次主管直接進入主題，詢問我們在背後所議論的事情。其實這些都只是發發牢騷，大家並非認真抨擊。後來，經過討論後，這些事情都是在喬貞加入後才發生。我們不想要懷疑她，但事實擺在眼前。尤其是我，常常跟她分享生活上的喜怒哀樂，無法相信這些背後的小動作都是她所為。年紀比較大的約翰說道：「或許我們可以做個實驗。」

於是，下一次的聚餐中，我們特別確認喬貞會參與。約翰故意批評主管為人小氣，鮮少請大家喝飲料，更別提請吃飯。當然這些批評都是故意捏造，因為主管上個月才剛請吃飯。我們故意講和事實不符，目的只是想要確認喬貞是否是那個洩密者，在背後搬弄是非，還故作天真。當初大家同意這個決定的時候，我內心非常反對，我無法相信真的有人心機如此之深，人前與大家開心聊是非和講笑話，目的只是為了蒐集證據向上司報告嗎？約翰笑笑地對我說：「知人知面不知心。反正經過這一次的聚會，結果很快就會知道了。」

過了兩天，開會結束後，主管突然說：「下週末我們去聚餐吧？我並不是小氣的人，只是因為平常大家太忙了，所以才沒有慰勞大家的辛勞。」當時大家會心一笑，答案已經近在眼前了。某次，喬貞進入主管辦公室後，過了一分鐘，約翰假裝要請教主管，也跟著進去了。果然，讓他聽到了喬貞跟主管聊天的部分內容，更坐實了她將我們聊天內容轉達給主管的猜測。

對我來說，這無疑是初入職場上的一堂課，活生生的、讓人難以置信，卻又如此真實。因此。在職場上想要結交好友，請先觀察再決定是否投入這段友情。

好友，損友，請先停看聽

職場上人際關係中，如果不了解對方，請謹言慎行。當對方的反應和言語有點前後不一時，你必須要仔細檢視對方。是否是善於說謊或是言行不一的人。

艾莉亞剛調到黎明這個部門，之前她人緣一直不太好，聽過許多人對她有所批評。但黎明總覺得這些可能都是流言，可信度有待商榷，不能盡信。每次看到她一人獨自吃午飯，心裡覺得有點可憐，所以他主動約艾莉亞聊天，沒想到兩人一見如故，興趣很雷同，不多久，兩人便成為職場上的好友。隔壁組的同事暗示黎明，艾莉亞是個表裡不一的人，希望他小心一點，切勿什麼事都一股腦兒跟她說。黎明並沒有放在心上，他心想，或許這個同事本來和艾莉亞就有齟齬，因此才會在背後議論她。

直到有一天，兩人中午休息時，正在閒聊，艾莉亞突然說：「你是不是不太喜歡組長啊？」

黎明不解地回答：「沒有啊，怎麼突然這麼問？」剛剛明明在聊電影，話題為何突然轉到組長。

正當黎明感到疑惑時，艾莉亞逕自往下說：「其實組長很辛苦，他要管理很多事情，所以有時候我們必須體諒他，而不是在背後抱怨他。我覺得他表現得可圈可點。」

黎明聽完更覺得納悶，艾莉亞到底是在說什麼。此時，他背後傳來了組長的聲音，黎明頓時明白了，艾莉亞挖了一個坑讓他跳。老實說，雖然之前兩人也曾討論過組長，但只是輕描淡寫，沒有說到工作能力，反而是艾莉亞，說了不少組長的壞話。她竟然全部推給黎明。

黎明也不是省油的燈，為了證明艾莉亞的設局非憑空臆測，他決定主動找組長談心。經過長談後發現：艾莉亞不做偵探真是太屈才了。多虧了黎明平常為人正直，組長才願意和他開誠佈公的聊一聊，否則，這個誤會一旦不解開，時間一久，兩人之間的心結就難解，黎明在職場上的日子可就難過了。

黎明和艾莉亞相處的這幾個月來，他不知道對方在他背後做了多少的事情，或者是否有將黎明家裡的私事告訴其他人，他不敢想像。黎明終於明白，為何艾莉亞在其他部門的評價會如此之差！最後他決定和她保持距離，當個一般同事就好。

職場友情，需要觀察與經營

職場友情，必須要經營和觀察。有時候你覺得對方和你志同道合，然而卻不知道對方真正的想法為何？因此多方面觀察是非常重要，才不至於最後變成別人眼中的傀儡，任他擺布。更暗黑的情形是，當你和對方相處融洽時，這段時間你所說的話，成為他手中的一個把柄或是籌碼，隨時隨地可以出賣你。職場上還是有真正的友誼，是需要時間觀察。因此，培養友情的同時，也需要注意對方行為。職場停看聽，是人際關係中的不二法門。

攻略小語

◎ 有句話說：「學生時代的友情才能長久。」友情誠可貴，請先停看聽，在付出真實情感之前，要多方面觀察，尤其可能涉及到利益關係時，再好的友誼，都可能因此而變調。

◎ 職場人際關係，如果不了解對方，請謹言慎行。當對方的反應和言語有點前後不一時，你必須要仔細檢視對方，是否善於說謊，或是言行不一的人。

◎ 有時候你覺得對方和你志同道合，然而卻不知道對方真正的想法為何？因此多方面觀察是非常重要的，才不至於最後變成別人眼中的傀儡，任他擺布。

攻略
15

將心比心，人際更圓融

西方諺語所說：「要想知道別人的鞋子合不合腳，就穿上別人的鞋子走一英里。」一對於人際關係的建立而言，「將心比心」是一種非常重要的技巧，如果無法站在他人的立場考慮，很容易做出錯誤的判斷，造成兩人的爭執。何謂將心比心呢？它是種換位思考，透過設身處地為他人著想，試著體會他人情緒和想法，處理問題時才不會偏頗。做事好不如做人好，想要人際關係圓融，將心比心的攻略非常重要。

得饒人處且饒人

戴瑋是個有能力而且責任心很強的人，但是人際關係卻沒和能力成正比。總感覺他和同事有所嫌隙。因為他缺乏同理心，當對方做錯事或是未達他的標準時，他會直言不諱，直接指責對方的不是，甚至有時候咄咄逼人。有一次，其他部門的主管臨時有個緊急會議，剛好時間和戴瑋預約使用會議室的時間衝突，於是對方主管打電話和戴瑋商量，希望他能將會議往後延半小時。對方態度客氣有禮，但對戴瑋而言，當對方有求於他，這種態度本來就是必須。戴瑋聽完後，隨即回應道：「你們開會重要，難道我們的會議就不重要嗎？沒有理由讓我們配合你們。更何況，這次開會時間是我先敲定，理當應該我們先使用會議室，而不是你們。」最後，戴瑋依然不想退讓。其實戴瑋開會的內容就是日常進度報告，並不是十分重要。他不想妥協的原因是他不想讓人覺得是軟柿子。結果因為這次會議室的使用事件，兩個部門的主管出現了嫌棄。後來，當戴瑋需要幫忙時，對方部門的主管顯得意興闌珊，表示沒有多餘的人力相助。原因很簡單，如同戴瑋當初所言，沒有誰要配合誰，也沒有誰必須要退一步。

自己的問題自己想辦法解決，別當個巨嬰。職場上，同理心是非常重要的事情，一個有同理心的主管，一個能將心比心的員工，工作和溝通會變得更順暢，彼此關係變得更融洽。相反的，沒有同理心的人、不懂得換為思考的人，人際關係往往會出現冰點，冷到讓人受不了。

禮輕情意重，禮金看人心

德琳和妮可在同一個部門工作，兩個人是職場的好夥伴、生活中的好朋友，但卻因為一個禮金事件，兩個人漸行漸遠，最後分道揚鑣。德琳不懂得將心比心，導致兩人友誼破裂，甚至讓德琳在辦公室的形象變差，大家在背後戲稱她為「小氣琳」。

妮可要結婚了，大家同事一場，紛紛向她祝賀；有空的會前往參加婚禮，即使無法到場，也會事先準備好紅包拿給妮可。因為妮可和她男友家境並不好，因此這些禮金對他們而言相當重要。

德琳禮貌性地說會來參加婚禮，妮可非常地開心。婚禮當天，當大家都抵達現場時，喬瑟夫看到德琳，開玩笑的說道：「妳身為妮可好朋友，禮金想必是非常有誠意吧。」沒想到，德琳尷尬一笑，並沒有正面回答。喬瑟夫沒有發覺氣氛的變化，繼續說道：「少說也有三千六吧。」德琳笑著說道：「禮輕情意重，我和她之間談錢就俗氣了。所以我帶了一束花來送給她，既浪漫又好看。」當時其他同事聽完後，表情一臉不可思議，竟然連最低門檻 1200 都捨不得包。更有趣的是：喜宴後，德琳竟然還把未開瓶的兩瓶酒打包帶走。果然，之後兩個人的友誼小船就翻船了。

或許有人認為紅包並沒有強制性，不需要對德琳道德綁架。但我們將心比心，設身處地的替妮可想想：如果今天是德琳結婚，妮可也沒有包禮金，德琳也會感到不高興吧。德琳為人小氣，不懂得做人，或多或少對她人際關係造成不小的傷害。後來，同事們聚餐或是去唱歌，都會巧妙地避開德琳，畢竟大家會擔心她用尿遁等方式離開，或是斤斤計較，造成大家不愉快。

將心比心，人際關係更親近

雖然世界上沒有真正的感同身受，但是最起碼要試圖去了解別人心中的感覺，將心比心才不會讓自己變得得理不饒人或是冷漠；將心比心才能真心換真心，而且人際關係才會更圓融。所以，想讓你的人際關係更完善，和他人關係更密切，學習將心比心，才會讓自己人際關係更上一層樓。

攻略小語

◎ 西方諺語所說：「要想知道別人的鞋子合不合腳，就穿上別人的鞋子走一英里。」對於人際關係的建立而言，「將心比心」是一種非常重要的技巧。

◎ 何謂將心比心呢？它是種換位思考，透過設身處地為他人著想，試著體會他人情緒和想法，處理問題時，才不會偏頗。做事好不如做人好，想要人際關係圓融，將心比心非常重要。

◎ 雖然世界上沒有真正的感同身受，但是最起碼要試圖去了解別人心中的感覺，將心比心才不會讓自己變得得理不饒人或是冷漠。

攻略16

退一步風平浪靜，退十步驚濤駭浪

愛默生的名言：「你的善良，必須有點鋒芒，否則就等於零。」這句話讓我心有戚戚焉。很多時候，過度善良會變成一種軟弱。你可以善良，但不能讓善良成為自己的軟肋，自己吃虧，進退兩難。拒絕不難，難道你為了怕得罪別人，而為難自己？有時候，委曲求全，別人不見得會感激，甚至還會將結果的不如意怪罪於你。

退幾步，步步驚心

我有個認識的韓國友人恩熙，暑假時準備回韓國。當恩熙的同學聽到她要回首爾的家時，說道：「我暑假計劃到首爾去玩，不知道方不方便住在妳家呀？」

恩熙心想大家都是同學，交情也還可以，如果拒絕似乎不太好，於是答應了她。但唯一條件是：不要大肆宣揚。沒想到隔兩天，另外一個沒什麼交情的同學，知道這件事情，馬上跑來跟恩熙說：「我暑假也要去韓國玩耶，也可以去住你家嗎？這樣我就可以將飯店錢省下來了。」

恩熙雖然不樂意也表示不方便，但對方不斷請求，加上同學一場，心想只有來暫住幾天，父母應該不會反對，所以恩熙還是勉強接受，這次她一樣請對方噤口。但沒想到更荒謬的事情發生了。有兩個跟恩熙這幾年來，講話沒超過二十句的同學，聽到這個消息後，竟然厚著臉皮跑來告訴恩熙：「我們兩個暑假也要去韓國玩耶，如果不麻煩的話，可以借住在妳家嗎？我們都會外食，不需要幫我們準備食物。」恩熙聽完後，心中很不高興，但看到同學央求的眼神，不忍拒絕，只好也答應了。

但是，恩熙的善意，沒有讓她們感激。恩熙從韓國回來後，非常生氣，馬上跑來跟我抱怨。原來，她們去韓國玩，大搖大擺的住在她家就算了，還把換洗衣服直接放入洗衣機，但沒人去洗衣服。恩熙的媽媽只好幫她們洗了幾天的衣服，累到說下不為例；更離譜的是：有人回到恩熙家時已經快十二點，完全沒顧慮到恩熙和家人已經就寢，毫不收斂地吵醒了已經熟睡的恩熙和她父母。總之，這次幾個人的韓國行，讓恩熙覺得被打擾，下次再也不會答應他們去住她家了。我告訴恩熙善良絕對要有底線，不能讓對方一而再、再而三的越線。後來，當她同學再次提議有機會可以借住她家時，恩熙雖然很不好意思，還是委婉地拒絕了。

對於恩熙的拒絕，我深表滿意，這表示她成長了，也理解我和她所說的話，「每個人都有拒絕的權利」。

侵門踏戶，切勿忍讓

賈丁和吉蒂任職於同部門，兩人個性迥然不同。賈丁個性急躁，常常口不擇言；吉蒂個性溫和，常常敢怒不敢言。由於個性互補，並沒有出現過衝突。然而吉蒂的退讓，並沒有讓賈丁對她產生好感，或是懂得自我檢討。有一次，賈丁怒氣沖沖的往吉蒂的桌上丟下一把尺，吉蒂一臉茫然，賈丁又吃錯藥了。

賈丁咆哮道：「這把尺是你向我借的吧？為什麼會放在其他人的桌子上呢？」

吉蒂搖頭道：「我沒借過這把尺啊。」但賈丁不聽解釋，逕自回到座位上。

原以為吉蒂會像之前一樣選擇退讓。沒想到她把尺拿在手上，走到賈丁面前說：「第一，我沒借過這把尺；第二，也不是我放在其他人桌上的。請你先把事情搞清楚再來對我大呼小叫。」面對吉蒂以往不同的反應，賈丁也嚇到了，於是默默的把尺收了回去。

為何吉蒂會出現如此大的轉變呢？原來最近她看一本書，對她產生了很大的啟發。從小父母教育：「不要和人起衝突、不要和他人爭執，保持人際關係的和諧，才不會讓別人討厭妳。」但是這幾年的職場經驗，吉蒂發現退讓似乎是錯了。她的一再退讓，反而變成其他人不尊重她，或是對她大呼小叫。看完這本書後，她反覆思量，必須改變自己，不能再當那個受氣包吉蒂了。

善良和退讓，都必須適度

古人云：「忍一時，風平浪靜；退一步，海闊天空。」人不能衝動行事，有時候如果能夠想通，不要鑽牛角尖，就能讓事情呈現完美的結果。然而，如果一再退讓，退無可退，可能就必須展現自己強硬的一面。有句俗諺：「軟土深掘。」你自以為的善良及軟弱的個性，只會讓對方再三進攻、得寸進尺。所以善良和退讓，都須適度喔！

攻略小語

◎ 愛默生的名言：「你的善良，必須有點鋒芒，否則就等於零。」

◎ 有時候，委曲求全，別人不見得會感激；有時候，甚至還會將結果的不如意怪罪於你。

◎ 古人云：「忍一時，風平浪靜。退一步，海闊天空。」人不能衝動行事，若能夠想通，不要鑽牛角尖，就能讓事情呈現完美的結果。

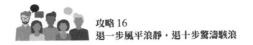

攻略17

姊妹淘，和你掏心掏肺，還是挖你隱私？

羅曼・羅蘭的一句名言：「有一些在推心置腹時所說的私房話，日後有被知己用來作為武器的危險。」短短的兩句話，卻發人深省。兩人情感好時，忍不住會分享自己的私事，包括交友、家庭和工作。未料，妳所謂的姊妹淘，或許只是把妳當成「泛泛之交」，或者另有目的，一旦需要時，直接推妳出來當擋箭牌，或是以交換祕密換取更多資源。所以，小心選擇朋友，否則被出賣了，就難以補救了。

人前和你姊妹淘，轉身秒出賣

之前非常火紅的《延禧攻略》，裡面各式各樣的人物，各具特色，讓人津津樂道。

除了魏瓔珞讓人眼前一亮，爾晴受到很多人討論，因為她出賣人的功力，讓人恨得牙癢癢的。爾晴、明玉和魏瓔珞都是好友，沒想到看似敦厚善良的爾晴，內心卻是複雜狡猾的。她的一切舉動，徹底展現人前姊妹淘，人後秒出賣。

劇中爾晴費盡心思挑撥明玉和瓔珞的感情，例如，故意引弘曆到後院，讓他看到傅恆與瓔珞私會的一幕，藉此出賣魏瓔珞。後來，還用計謀說服傅恆和自己成親，最後，卻懷了弘曆的孩子，讓他戴綠帽。除了陷害瓔珞，對於恩重如山、情同姊妹的富察皇后，她也沒手下留情。為弘曆送醒酒湯，讓人誤會受到受乾隆的臨幸，然而根本子虛烏有。最後，竟然故意向富察皇后哭訴自己被臨幸，讓富察皇后和皇帝產生天大的誤會。雖然最後得到報應，然而因她而受到傷害的人，卻已經回不去了。

雖然這是一部戲劇，但現實生活中，這種人卻不少見。

當妳和她敘述自己的弱點後，她將這個弱點當成武器。前一天還和妳一起哭一起笑，隔天卻翻臉不認人。所以，交友時，一定要多方注意對方的行為，而不是只憑滿腔熱血就毫無保留的掏心掏肺。

知否知否，她是我的閨密好友

曾經看過一部韓劇《真心給我一滴淚》，又名《49日》讓我印象深刻。因為除了劇情感人，其中探討的友情，讓人反思。

劇情是天真的女主角申智賢遭遇車禍，竟然導致靈魂出竅而昏迷。引渡使者出現，告訴她有兩個選擇：第一，繼續活下去。要復活的條件很簡單，只要在49天之內，找到三個真心為自己流淚的人，血緣關係的人不包含在內。這聽起來不難，人的一生中，難道找不到三個真心為妳流淚的人嗎？況且她有未婚夫、有幾個好姊妹，所以她其實很有信心。第二，選擇直接離開人間。

但沒想到這三個人，竟然很難找。引渡使者表示為了幫助她找到三個真心為她流淚的人，於是讓申智賢可以借用宋宜景（申智賢的親姊）的身體。當她透過宋宜景的身體發現：原來，她的世界充滿謊言。她的未婚夫姜珉浩和她最好的閨蜜中仁靜竟然早已背叛，還設計奪走自己父親的公司。最讓她痛心的是：仁靜是她這輩子最好的朋友，她們一起被老師處罰，一起哭一起笑，一起度過青春歲月……然而，在愛情和利益前面，仁靜選擇出賣智賢。

人性，是如此自私又脆弱嗎？和你最親密的、最了解你的人，往往最有可能出賣你，因為她知道你最多的祕密和內心世界。

懂人分辨，不留遺憾

馬克・吐溫：「悲傷可以自行料理，而歡樂的滋味如果要充分體會，你就必須有人分享才行。」朋友之所以重要，是因為他能和你分享喜怒哀樂，在你脆弱時給予關懷、在你低潮時給予鼓勵、在你開心時給予祝福、在你奮鬥時給予支持。姊妹淘並不容易找到，所以要試圖分辨對方是否是真心或是假意；即使再好的朋友，有些不能說的祕密，就真的是祕密，絕對不能說。懂得分辨，才能交到真正的好友。

攻略小語

◎ 羅曼•羅蘭的一句名言：「有一些在推心置腹時所說的私房話，日後有被知己用來作為武器的危險。」短短的兩句話，卻發人深省。

◎ 和你最親的、最了解你的人，往往最有可能出賣你，因為她知道你最多的祕密和內心世界。

◎ 朋友之所以重要，是因為他能和你分享喜怒哀樂，在你脆弱時給予關懷、在你低潮時給予鼓勵、在你開心時給予祝福、在你奮鬥時給予支持。

攻略18
公主病，連王子都逃之夭夭

身邊有形形色色的人，性格不同、年齡不同、成長背景不同。其中，公主病患者很常見。公主病泛指個性嬌縱、缺乏責任感，一旦發生問題，就先把過錯推給他人。有公主病的人，會有幾種症狀，例如：無自己解決問題的能力、常把「我不會！」掛在嘴裡、任性妄為、嚴以待人、不食人間煙火以及喜歡挑毛病等等。和公主病相處，要有耐性以及強大內心，否則可能氣到自己先得了「心臟病」。

公主病，是真公主還是「病」

有「公主病」的人，其實家境不見得優渥，有時會因為成長背景或是個性問題導致出現這些症狀。

第一次認識翠西時，是在咖啡廳的聚會。她身穿名牌服飾並提著名牌包包，感覺貴氣十足，坐下來沒多久，她把服務生叫來過來說：「桌子上有水漬，你們看不到嗎？這樣影響我喝咖啡。」她頤指氣使，請對方清理桌子。

我們彼此自我介紹完之後，她一臉冷淡，端起咖啡喝了一口，突然她搖搖頭說道：「這咖啡好酸啊！還是我買的進口咖啡比較香醇。」

這時，她一眼瞥到寶鈺提的包包，脫口而出說：「妳的包包有點髒，該整理了。」邀清她來的薇薇一臉尷尬，以微笑向我們示意致歉。

席間，她開始展示她的戰利品，語氣讓人倒吸一口氣。

「女人啊，一定要有名牌，衣服千萬不要去買路邊攤的，免得讓人覺得沒品味。」她一臉得意，豪不掩飾自己的優越感。

「我覺得穿著得體舒適就可以了，是不是名牌不是那麼重要吧。」心直口快的寶鈺忍不住說出內心想法。

「妳身上的衣服代表妳個人，妳穿了一件不到一千元的衣服，給人感覺就是很不行。」翠西反擊。

兩人你來我往，氣氛差到極點，甚至影響到其他桌的客人。

後來，因為寶鈺的猛烈攻擊，翠西可能覺得面子掛不住，丟下一百元說道：「我還有事，先走了。」

「等一下！」寶鈺叫住她，「還差五十元。」

翠西走後，大家詢問薇薇為何會給介紹這麼一個公主病的人給我們認識。

薇薇無奈地說：「是她打電話說一個人很無聊，拜託我讓她來認識新朋友。其實，她滿寂寞的，沒什麼朋友。」

原來，翠西家境並不好，她很羨慕家境很好的同學，所以等她出社會後，賺到的錢都拿去治裝，對人講話都表現出優越感，給人一種大小姐的既視感。其實，翠西人際關係差和名牌與否沒有直接關係，而是她對待別人的態度，沒有禮貌，滿滿的傲氣。人和人相處，如果患有公主病，真的讓人難以招架。畢竟，沒有人願意當丫鬟還甘之如飴的吧。

公主病，影響人際和情感

公主病不是病，但病起來讓人「遠離」。

有一個認識多年的朋友小棠，很有趣也開得起玩笑，唯一有個毛病就是有時會出現「公主病」。譬如大家約好要吃火鍋，她可能想吃川菜，就會吵著要我們同意。若不同意她還會用眼淚攻勢，讓大家屈服。有一次約好看電影，買好票後她突然說不想看了，就逕自離開。

她的朋友不多，可能是因為她的個性。我常勸她要改改公主性格，否則談了戀愛後，王子可能會受不了。小棠也答應我會試著改變，再加上她公主病發作的次數明顯減少，我們都替她開心。但卻沒想到，她的公主病性格在男友面前表現的淋漓盡致。

大家去吃到飽餐廳時，小棠竟對男友說：「我好累喔，沒辦法動了。你去幫我拿食物和飲料。」結果男友端來食物和果汁後，小棠又氣呼呼地說：「這些我都不愛吃，你一點都不了解我，是不是不重視我啊。」然後吃到一半時，她吃不完的全丟給男友，自己又跑去選其他食物。我看到她男友臉色微慍，無奈搖頭。甚至生日時，會批評男友買禮物的眼光，假裝挑三揀四讓他沒有面子，其實她內心是喜歡的。看著他們相處模式，著實讓人捏把冷汗。

小棠公主病沒發作時，很好相處。但是，隨著公主病發作的次數增多，都在考驗她和男友之間的感情。

我勸了小棠幾次，她總是不以為意地說道：「別擔心，他很愛我，離不開我啦。」莎士比亞有句名言讓人印象深刻，「不要指著月亮起誓，它是變化無常的，每個月都盈虧圓缺；你要是指著它起誓，也許你的愛情也像它一樣的無常。」愛情，當忍耐的額度用完時，就是算舊帳的時候。後來，正當我們以為他們要結婚時，小棠才坦承，他們分手了。因為對方說受不了她的公主病。

公主病，除了影響人際關係，也影響你的愛情和家庭。如果有公主病症狀，請開始自我反省，改變這些不好的習慣，因為不管輕微或是嚴重，都將會對你人生有所影響，不得不注意。

遠離公主病，終結孤單不寂寞

世界上，王子或騎士不多，縱使竭盡一生，也難以尋得心中的王子。所以，請不要自詡為公主，這樣的想法，會讓你在人際關係中，感到挫敗。因為，即使是真正的公主，手下也難免會有怨言。愛情裡，別讓自己的公主病敗壞桃花緣。現在，是男女平等的社會，公主病或是王子病，都會讓人不敢恭維。

攻略小語

◎ 人和人相處，如果患有公主病，真的讓人難以招架。畢竟，沒有人願意當丫鬟還甘之如飴的吧。

◎ 莎士比亞有句名言讓人印象深刻，「不要指著月亮起誓，它是變化無常的，每個月都盈虧圓缺；你要是指著它起誓，也許你的愛情也像它一樣的無常。」愛情，當忍耐的額度用完時，就是算舊帳的時候。

◎ 世界上，王子或騎士不多，縱使竭盡一生，也難以尋得心中的王子。所以，請不要自詡為公主，這樣的想法，會讓你在人際關係中，感到挫敗。

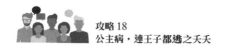

攻略19

優越感，讓你孤獨不燦爛

孟非曾說過：「所有的優越感都不是來自容貌、身材、知識、家族、財富、地位、成就，它來自缺見識和缺悲憫。」一個人的行為和所說的話，背後或多或少都有原因。由於格局太小，才會急著讓大家知道他的優越或與眾不同。如果在愛情中，出現強烈優越感，常常暗自比較自己和對方的家庭背景、外在條件以及社交關係等等，這樣的愛情，很容易就出現分歧而告吹。優越感，不會讓你獲得友情，只會讓你孤獨而不燦爛。

過度優越感，讓人敬而遠之

貝莎在補教業工作，他們幾個老師交情都不錯，會一起去吃飯或出遊。晚上上課之前，他們會在附近用餐，但都很有默契的避開伯頓。有時候，看到伯頓要走進辦公室時，大家就紛紛各自出門，約在某間餐廳見面。

大家對伯頓有敵意是有原因的。原來，伯頓是個有過度優越感的人。父親是醫生，母親是某公司主管，父母對他寵愛有加，不缺這份工作。伯頓最有名的故事是：買了一打飲料，喝了其中一瓶覺得不好喝，就全部丟掉……當大家聽到這些故事時，均頻頻搖頭。

那天，貝莎最後走出辦公室，剛好被伯頓叫住，叫她一起吃飯。貝莎無奈，只好帶著伯頓到約好的餐廳。

大家一看到伯頓，臉上都出現三條線。果然，即使很久沒一起聚餐，伯頓依舊故我。用餐間，他問：「你們怎麼選這間餐廳呢？感覺裝潢不太好，食物吃起來也普通。雖然很便宜，但是食物不優很影響心情。下次，我請你們去日式料理。」

「我們還要養家，沒辦法花太多錢在餐費上啦。」貝莎咬牙說道。

伯頓一臉疑惑：「不解，我沒這種困擾。我爸說如果上班不開心，就回家當米蟲，因為他常說家裡不缺我這份薪水。」

剛開始貝莎以為伯頓是白目，不會看人臉色，後來相處久了，發現其實他是因為優越感作祟，即使對方不高興，他還是堅持講完。

結果，這一頓飯吃不到半小時，卻感覺度日如年。大家都埋頭吃飯，很少有人講話互動。

如果不想被人排擠，就得想辦法改變自己讓人討厭的行為。伯頓即使知道這些話會造成他人的怒氣，卻仍執意說出來以展示自己的優越感，人際關係之差，可想而知。

理解，是優越感的藥方

優越感，讓人產生反感。但由於優越感是無形的，很多人甚至不知道自己錯在哪裡？為何得不到朋友的支持或是同事的喜愛。

剛到國外唸書時，認識了一個朋友泰絲，她在那裡已經生活好幾年了。由於她為人熱心，常會主動帶我們這些初來乍到的學生去超市或是商場購物，同學們都很感謝她。

有一次，其中一位同學諾姆開生日派對，竟沒有邀請泰絲來參加。

「諾姆，你忘了邀請泰絲嗎？」我問。

「其實是故意忘記，因為我不太喜歡她講話的態度，好像我們比她低一等似的。」諾姆小聲地說道。

「其實，我也有這種感覺耶。」安安也加入話題。

沒想到，這個話題引起熱烈討論，大家紛紛表示看法，雖然都沒有口出惡言，但結論都一樣，跟泰絲說話，都會被她無形的優越感掃到。

「她覺得自己在這裡生活很久，每件事情都懂。我上次到超市買咖啡豆，她竟然說我不懂咖啡，買的種類很便宜，要是她絕不會在這裡買……但其實我只喜歡喝咖啡，又不是專業的品嚐家。」安安忍不住說出自己的經歷。

「難怪後來她邀我們去超市，妳都說沒空。」我恍然大悟。

「她每次開口閉口就說我們這些窮學生，不像她懂生活、有社會歷練。其實她自己不也是辭掉了工作到這裡當學生嗎？一樣是要靠父母寄錢過來，誰比誰高貴啊。」諾姆加入戰局。

後來，大家漸漸地拒絕泰絲的邀約。

其實，第一次和泰絲講話時，我就發現她莫名的優越感。然而，在古道熱腸和優越感相比之下，我是可以忽略她優越感帶來的厭惡。畢竟，她助大家一臂之力是事實。

在一次獨處時，我跟她聊到關於「優越感」這件事。泰絲聳聳肩說道：「妳不是第一個提到這件事的人。我覺得優越感沒啥不好。妳看，我能力和財力比人好，有優越感不是很正常嗎？只能怪那些人自尊心太弱，才會這麼容易受到打擊。」

泰絲的過度優越感，總喜歡表現高人一等，正是她孤獨而且朋友少的原因。

過度優越感，暴露層次

優越感是一種自我意識，是自負的狀態。很多人都有不同程度地優越感，有可能是因帥氣或漂亮的外表而產生的優越感；有可能是家境富裕產生的優越感；還有可能是因為職業表現不凡的優越感……無論如何，優越感請適可而止，過度的優越感只會顯出一個人內心的焦慮與貧脊，表示你必須透過優越感，才能覺得自己高人一等，才能擁有自信，也是很可悲的！

攻略小語

◎ 孟非曾說過：「所有的優越感都不是來自容貌、身材、知識、家族、財富、地位、成就，它來自缺見識和缺悲憫。」

◎ 很少人會無緣無故討論另外一人，都是有原因。因此，想要改善人際關係，一些明顯的缺點要自我修正。

◎ 優越感是一種自我意識，有種自負的狀態。很多人不同程度地擁有某種優越感，有可能是帥氣或漂亮的外表而產生的優越感；有可能是家境富裕產生的優越感；還有可能是因為職業，表現出不凡的優越感……但無論如何，優越感不會讓你獲得友情，只會讓你孤單不燦爛。

攻略20

掌握氣氛切入點，學好「插話」藝術

但丁曾言：「語言作為工具，對於我們之重要，正如駿馬對騎士的重要；最好的駿馬適合於最好的騎士，最好的語言適合於最好的思想。」語言，不只是將話語說出來，而是說出來時，除了內容、語氣和表情都有輔助效果，才能完整表現出想要表達的內容。對於敘述事情這方面的功力，有人天賦異稟，有人卻顯然拙劣。尤其若不懂得說話時的「插話」藝術，人際互動就會吃力不討好。

比較法插話，人際關係被比較

當一群人聚在一起聊天，燈光美、氣氛佳、食物優、心情好之際，最怕有人總喜歡把話題繞回自己身上，在別人講故事時，強行插話。這種行為不但打斷了原有的節奏，幾次後更會讓人心生不滿。

倪爾最擅長的事情，就是用比較法插話，然後將主導權轉回自己身上。剛開始，大家以為他是無意，後來類似事情發生幾次之後，漸漸讓人感到和他一起聊天很容易令人煩躁，甚至提出不想和他一起出去的提議。

有一次分享的主題是：旅行中發生的恐怖故事。瑞貝卡正說到她旅行時曾被敲破車窗玻璃，當時很怕歹徒又回來，急忙將車開走，但心情非常恐懼……故事尚未說完，倪爾突然插嘴：「這不算什麼，我還遇過更恐怖的。」

雖然瑞貝卡故事還沒結束，但是由於倪爾已經另起開頭，大家便將注意力轉到他身上。但倪爾說了近三分鐘的時間仍未開始故事，於是有人忍不住出聲了：「可以直接進入故事重點嗎？」

倪爾故作神祕地說道：「那次真的很驚險。我們幾個人準備開車到日月潭旅行兩天，出門前我覺得悶悶的，感覺有事情要發生，果然，在途中就遇到了一件事，差點讓我們露宿街頭。」

瑞貝卡急著問：「什麼事？」

倪爾嘆了一口氣接著說：「我們車開到一半，我突然發現忘了加油，汽油已經快沒了，幸好我及時發現，否則後果真不堪設想。」

聽完他的故事之後，大夥兒一陣沉默……這故事實在太普通了！

又有一次，當瑞貝卡談論到男友對她很好，生日時送給她一支價值不菲的手錶。果然，她又被打斷了。倪爾說道：「我女友對我更好呢。她曾在我生日時，送給我一個名牌皮夾……」瑞貝卡忍不住在心裡給他一個白眼。

講話真的要看場合，過度的譁眾取寵和插話，反而會破壞氣氛，也容易讓他人感覺不舒服。一旦這種負面情緒被挑起，人際關係就會被影響。

強行插話，眾人逃之夭夭

在美國讀書時，有個朋友法蘭克個性活潑，話多好客，只是和他熟稔後，反而不想與之親近。因為，他總喜歡強行插話搶別人話題，不論有意無意都讓人反感。

有一次大家討論電影話題，史黛拉正在講述她喜歡的一部懸疑電影，大家聽得聚精會神之際，法蘭克突然冒出一句：「懸疑電影太燒腦，恐怖片比較直接。」於是，開始說他喜歡的電影以及劇情。史黛拉聽完法蘭克的描述後，才又繼續剛剛未完的懸疑電影。

後來這樣的情形發生頻率越來越高，比較直接的同學會打斷法蘭克，請他等等再補充；有的人則會以沉默或是離席表達心中不滿。總之，這樣的行為的確造成他人的困擾，讓人不想和他聊天。同時，在課堂上，法蘭克也會出現這樣的行為，總因為他不著邊際的插話，討論時間都會莫名地延長，因此同學都不喜歡和他同組。

聽完他人的話語，再適時地補充或反應才是禮貌的行為。如果只是為了吸引他人目光、嘩眾取寵，強行轉移談話內容，那只會讓身邊的人避而遠之啊！

懂得插話的時機，讓話題豐富

聊天時，有人主講、有人回應，氣氛正好。反之，如果有人主講，其他人也想搶著講，反而會出現令話題嘎然而止的窘境。多樣化的禮貌回應互動，會鼓勵主講者釋放出更多的元素，才會讓話題更豐富，產生更多的碰撞和驚喜。反之，若只是為了自顧地說，喧賓奪主，不僅讓人不舒服，也易讓人際關係大打折扣。要小心，千萬別讓自己成為聚會中的「老鼠屎」喔！

攻略小語

◎ 但丁曾言：「語言作為工具，對於我們之重要，正如駿馬對騎士的重要；最好的駿馬適合於最好的騎士，最好的語言適合於最好的思想。」

◎ 講話真的要看場合，過度的譁眾取寵和插話，反而會破壞氣氛，以及引起他人的不適。

◎ 多樣化的禮貌回應互動，會鼓勵主講者釋放出更多的元素，會讓話題更豐富，產生更多的碰撞和驚喜。

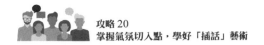

攻略21

句點王，讓人際關係冰凍三尺

「句點王」絕非是一種天賦，也不是一朝一夕造成的。肚子墨水少的、人際互動差的、不擅與人聊天的……往往是句點王的幾個特徵。想要妙語如珠或言之有物，除了天分，最重要的還是要多閱聽。若不想成為句點王，就努力地豐富內涵吧！不然還是少開口，沉默是金。

破哏讓人際瞬間結冰

當大夥兒正聊得起勁火熱之際，你的一句話可能會讓大家頓時進入靜音模式。原因就是：破哏。（其實這也很白目啊！）

辦公室中午休息時，最喜歡聊的話題就是：韓劇或是電影。大家會討論哪部韓劇好看，或是那部電影值得一看……不管聊得如何興奮，底線就是絕對不能講出爆雷或是破哏，不然絕對會遭來眾人一頓白眼。

有一天中午，當大家正為一部電影討論得口沫橫飛之際，亨利突然說道：「你們在說那一部懸疑電影啊？那部我有看到影評，結局是……」

「不要說！」大家阻止。

「躲在女人床下的是警衛啊。」亨利不假思索的把爆點說出來。

大家一陣哀號，氣到不想討論，本來人聲鼎沸的現場，頓時一哄而散。

因為這種狀況已經不是第一次了，亨利卻不會看臉色，仍樂此不疲。所以現在大家只要一看到亨利過來，大家立刻噤聲。久而久之，他變成一個不受歡迎的人。

聽清楚，別讓自己成為句點王

句點王，很多時候是因為加入談話的時機不對、知識不足或是太想表現自己。職場上一旦被貼上句點王標籤，人際關係相對會變差，不可不慎。

范菲是個非常喜歡表現自己的人。不管大家討論的話題是風花雪月，還是天文地理，她都有辦法把焦點轉到自己想要聊的話題上。可想而知，每當她插話之後，緊接在後的是一片靜默。

有一次，我們在聊出國旅行經驗，當時我剛好聊到西雅圖有幾個景點時，這位小姐突然飄了過來……

「你們在討論西雅圖夜未眠喔？」

「不是。是西雅圖。」

「西雅圖沒去過。但我今年計畫去日本……」然後范菲開始講述自己的計畫和時間。大家都靜靜地看著她演講，沒有人搭話。終於，有人忍不住把話題拉回來。

「你剛說派克市場，第一間星巴克是不是在附近啊？」

「對啊。我還買了隨行卡……」

「星巴克？今天好像有買一送一耶，有人要一起買嗎？說到星巴克，我上次去喝時，遇到一個帥哥，穿衣服很有品味，長得也很俊俏，正當我想要跟他要電話時，他女友出現了。唉，真掃興。」

范菲話一結束，大家紛紛回到座位上，這局自然散場。范菲真是名符其實的「句點王」。

破哏一時快，人際關係出意外

破哏，有這麼嚴重嗎？其實，是因為後續帶來的失望和憤怒，會造成別人對你產生的負面想法。破哏並不代表自己懂得多或是知識淵博。很多人即使知道答案，也會選擇緘默，因為這是對他人的尊重。破哏一時快，但造成的影響卻可能是久遠的。人際關係中，破哏王和句點王，都不受眾人歡迎。想擁有良好的人際關係，千萬不要當這兩種人，否則最後可能只剩你一人自問自答，因為別人已經對你敬而遠之了。

攻略小語

◎ 句點王，很多時候是因為加入聊天的時機不對、知識不足或是太想表達自己。職場上一旦被貼上句點王標籤，人際關係相對會變差，不可不慎。

◎ 破哏並不代表自己懂得多或是知識淵博。很多人即使知道答案，也會選擇緘默，因為這是對他人的尊重。

◎ 破哏一時快，但造成的影響卻可能是久遠的。人際關係中，破哏王和句點王，都不受歡迎。

攻略 22
虛構人生心慌慌

馬克思：「人的生活離不開友誼，但要得到真正的友誼才是不容易；友誼總需要忠誠去播種，用熱情去灌溉，用原則去培養，用諒解去護理。」朋友是人生中重要的角色，人沒辦法缺乏友情，然而交友須謹慎，並非來者不拒。交到好朋友是幸運，要好好珍惜。另外，切勿把朋友多寡當成人際關係的好壞，而讓自己陷入錯誤的思維，為了交友，委曲自己或是製造謊言，都是錯誤的行為。一旦假面具被拆穿，人際關係反而更糟，得不償失。

孤獨，讓人自導自演

艾莎是我見過的一個非常奇葩的人。她在職場中的人際關係普通，並沒有關係特別好的同事，因為和她聊天時，總覺得她前後矛盾，缺少合理性。對於她說的一些「分享」，大家自然而然當成「故事」，因為非常離譜。奇妙的是，她生活中的「朋友」卻非常多，常常看她傳簡訊或是接手機。這其實讓人匪夷所思，因為通常能交到很多朋友的人，人格特質必有吸引他人之處，不太可能在職場上這麼不吃香。

直到有一天，我們發現了她的祕密，既難堪又讓人心疼。

艾莎一如往常地頻頻接到電話，每次都非常簡短的掛掉，然後無奈地對我們說道：「不好意思，朋友太多了，打擾大家工作。」由於她說她手機關靜音，因此即使我們從沒聽過她手機鈴響也並未懷疑。突然，她又拿起手機，說道：「喂，有甚麼事晚點說，我正在上班……」這時，突然她的手機鈴聲響了……你說驚不驚喜。頓時，公司氣氛好詭異，大家才知道，原來她都是拿著手機自言自語。雖然，我們沒有人開口詢問，但眼神已經告訴她一切。她咳了幾聲解釋：「其實我是個很怕孤單的人，因為我在以前的公司人緣不太好，所以當我來這間公司時，為了怕別人誤會我沒有朋友，都沒有人打給我，所以才想到這個辦法—假裝接手機，讓你們以為我其實朋友很多。」艾莎走火入魔的行為，讓人啼笑皆非，也沒有讓她人際關係變好。

後來我和她聊了幾次，請她試著放下偽裝，讓別人能看到她的真誠。剛開始，因為電話事件，很多人對她更反感。但經過她認真的改變自己的行為，漸漸的人際關係改善，她再也不需要三不五時的自己拿起電話上演獨腳戲了。

真假人生

電視劇或是電影都曾出現過的類似情節：劇中主角為了掩飾自己家徒四壁或是背景不好，因此向朋友吹噓父母的職業和收入，讓人以為他是有錢人家的孩子。然而，一個謊言的背後，需要更多的謊言來圓，最終擔心怕被他人拆穿而惶惶度日。

原以為只是會出現在小說般的情節，竟被我活生生遇到了。

梅莉在公司的人際關係並不好，因為她所說的話大都是捏造的。她對男同事說她沒談過戀愛，但一轉身馬上拿出她前男友的照片，讓我們打分，當下讓人傻眼。還有，她最厲害的就是假裝「賢妻良母」。每天早上，她都會掃掃地、澆澆花，讓她暗戀的人以為其他同事欺負她。有一天，我提早到公司，聽到她說：「掃掃地很輕鬆，而且我比較資淺，這些是我應該做的。我平常在家都會幫忙做家事和煮飯，所以五菜一湯沒問題。」事實上，她連簡單的炒青菜都不會，這樣虛構好媳婦的形象有必要嗎？此外，她連住處都不真實！房租一個月一萬，但她跟別人說一萬五……諸如此類的言行，讓我們真的不明白她捏造這些謊言真正目的是什麼？怪不得部門同事都不喜歡她的行為，因為，常分不清她哪句話是真，哪句話是假？

有一天，她跟大家炫耀朋友買了一條兩萬元項鍊給她。大家覺很訝異，因為除了男友或是摯友，一般朋友不會花幾萬元買禮物送人吧。果不其然，她在一次聊天中不小心講出來，項鍊根本是她自己刷卡買的，她又說謊了。

時間一久，大家對她的信任自然崩盤，再也不信任她的言行了，而她因此自食惡果，最後，選擇了離職。

習慣虛構，人際關係讓人慌

海涅有句名言：「生命不可能從謊言中開出燦爛的鮮花。」說謊有很多目的，但結果必然是負面的。習慣虛構自己的一切，有時候會忘了真正的自己。一個連自己都辨識不清的人，如何能保持良好人際關係？更何況，一個謊言需要更多的謊言來圓，何苦將人生過得如此戰戰兢兢呢！面對真實的人生才容易快樂。

攻略小語

◎ 馬克思：「人的生活離不開友誼，但要得到真正的友誼才是不容易；友誼總需要忠誠去播種，用熱情去灌溉，用原則去培養，用諒解去護理。」

◎ 朋友是人生中重要的角色，人沒辦法缺乏友情，然而交友須謹慎，並非來者不拒。交到好朋友是幸運，要好好珍惜。

◎ 海涅有句名言：「生命不可能從謊言中開出燦爛的鮮花。」說謊有很多目的，但結果必然是負面的。習慣虛構自己的一切，有時候會忘了真正的自己。

攻略
23

微笑，是一種美德

雨果：「有一種東西，比我們的面貌更像我們，那便是我們的表情；還有另外一種東西，比表情更像我們，那便是我們的微笑。」微笑是一種無形的語言，無須言語，無須解釋，便能讓人感到舒服。常保持微笑的人，人際關係相對良好，讓人感覺如沐春風，而不是寒風刺骨。微笑是最棒的語言，透過微笑可以感受到善意和歡迎，所以保持微笑是一種美德。微笑的人生，人生才會燦爛。

微笑，拉近關係的第一步

冷臉雷駿最近又要找新住處，因為他和室友相處不愉快，對他的態度不友善，讓他不堪其擾。

其實，雷駿並不是一個難相處的人，只是他天生兇臉，只要不笑便會讓人以為他心情不好。每次室友和他打招呼，他也有回應，只是可能沒有笑容，所以讓對方誤會雷駿很高傲，難以親近。有一次，室友和他討論完關於打掃問題後，離開時欲言又止，讓雷駿感到疑惑。結果，對方竟然寫了一些內心話，貼在他的門上。

小雷，

有件事在我心底很久了，好幾次想告訴你又說不出口。每次和你講話時都覺得很煩躁，因為你的表情總是非常嚴肅，讓我以為你不高興或是不贊同。但每次問你，你又說沒問題。如果有任何想法，歡迎討論，而不是選擇沉默或擺臭臉。

小蔚

雷駿看完後也感到不解。笑不笑有這麼重要嗎？重點難道不是達成共識嗎？而且內容提到擺臭臉，更讓他心生怨懟。他自認是個負責又勤快的室友，每次打掃他都沒落下，就因為沒笑容，反而被指責？重點是否被本末倒置了。

接連幾次的不愉快後，室友之間產生誤解，雷駿選擇搬家，離開這個莫名其妙的環境。

我語重心長地跟他說：「微笑是種美德！畢竟，人的第一印象很重要。如果初見面印象就不好，就更不會想了解你了。」

雷駿聽了我的話之後點點頭，露出了一絲無奈又「滑稽」的笑容。

微笑，是最美的語言

微笑，即使沒有言語，都會讓人樂於親近。

梅格妮是個富家女，外號酷酷女，因為每次見到她總是臭臉迎人。在校園裡常常見她一個人獨來獨往，似乎沒什麼朋友。也由於她經常擺臭臉，感覺很難相處，所以雖然我們修同一堂課，但從來沒有坐隔壁，也幾乎沒講過話。

有一天因為分組，我們剛好被分到一組，我們這一組還有兩個外國人，其中一個外國人心直口快地問梅格妮：「妳不開心嗎？」梅格妮一臉嚴肅地搖頭。

我剛好和梅格妮相反，我很喜歡笑，而且常常笑。有一次小組活動，梅格妮突然問我：「為什麼妳總是很開心，臉上常常都帶著笑容。好幾次我想和妳打招呼，卻又鼓不起勇氣。」

「其實，我也想跟你打招呼，但妳好酷啊，彷彿有氣功似的，總是打散我的勇氣。」我雖半開玩笑地回應她，但其實很擔心她又會擺臭臉給我看。但沒想到，她竟回我淺淺一笑。

因為小組活動，和梅格妮熟稔之後，我發現雖然她是富家女，卻不會恃寵而驕，人其實不難相處，只是她的表情真的太酷了，很容易拒人於千里之外。我把我的想法告訴她之後，她驚訝地說：「難怪我都交不到朋友，我還以為這樣很酷耶！當然，也真是因為沒什麼特別開心的事情，所以我也沒辦法隨時保持笑容。」

「妳不妨試一試練習將嘴角微微上抬，表情就會輕鬆柔和許多的。慢慢地，妳一定會收到好反應的哦。」我笑著建議她。

果然，梅格妮的笑容變多了，人緣也變好了。

伸手不打笑臉人

有句話說「伸手不打笑臉人」。當他人面帶微笑時，心中的怒氣自然會減緩。一個每天結面腔的人，不僅讓人看了不舒服，也不會有人願意與之交往的，誰願意看到身邊有個人每天擺一張臭臉或是面無表情呢？想改善人際關係嗎？那麼從今天起，試著拋開臭臉，面帶微笑吧！不僅自己的心情變好，他人也會樂於親近的哦。

攻略小語

◎ 雨果：「有一種東西，比我們的面貌更像我們，那便是我們的表情；還有另外一種東西，比表情更像我們，那便是我們的微笑。」

◎ 微笑是最棒的語言，透過微笑可以感受到善意和歡迎，所以保持微笑是一種美德。微笑的人生，人生才會燦爛。

◎ 有句話說「伸手不打笑臉人」。當他人面帶微笑時，心中的怒氣多少會減緩。一個每天結面腔的人，不僅讓人看了不舒服，也不會願意與之交往。

攻略 24

讚美他人，拉近彼此感情

讚美是維持良好人際關係中的橋樑之一。有人覺得讚美別人會讓自己占下風，或是讓對方得意。其實，這是錯誤的想法。讚美也像是食物的調味料，添加少許，即能讓食物更美味。只是，讚美要適度，否則會讓人覺得不夠真誠，就像如果在食物加入過多的鹽，就會變得難以下嚥。如何學會讚美的藝術，是人際關係的重要課題。

適時讚美，拉攏人心

在加拿大認識了一個女孩蘇莉，她人緣非常好，從來沒聽過有人說她的壞話。跟她聊過幾次之後，發現她人緣好的祕密：她很懂得誇獎人。而且蘇莉的讚美非常適度，總讓人如沐春風。難怪，有這麼多人喜歡她。再進一步深入了解她後才發現：原來這一切皆始於良好的家庭教育，蘇莉的父母親同樣也是親切又體貼的長輩。

其實，有時候只是幾句的讚美，卻能讓他人信心倍增，更有往前的勇氣。蘇莉的另一半就是個自信心不夠的人，在遇到蘇莉之後，如同抓到水中浮木，再也無法放手，於是兩人一拍即合、結成連理。

但有些人卻覺得讚美是一種討好他人的行為，因此，堅持絕不輕易誇獎，還把這種行為當成優勢。我就曾經遇到過一個非常吝於讚美的主管。有一次大家為了一個案子而加班到半夜，他只留下一句「加油」人就自己先下班離開了。待案子如期完成，人人頂著個黑眼圈為成功而高興不已，結果這個主管竟只是說：「你們這個案子雖然準時完成了，但有些地方仍待加強，下次注意。」經過這次事件之後，大家再也不願意為他賣命努力了。因為認真的結果，只換來檢討。

一個不懂讚美的主管，是無法帶動人心的。如同吝於讚美的人，人際關係自然乏善可陳。讚美，絕非拍馬屁，而是一種發自內心的欣賞；讚美，可以加強凝聚力，更可以拉攏彼此關係。

讚美，讓家庭更緊密

朋友以茹的媽媽，是個不懂讚美的人。也許因為家庭環境影響，以茹也鮮少讚美他人，因為她不習慣這樣的相處模式。在家裡，不管以茹再努力工作或是認真進修，她媽媽的態度永遠是：「這樣妳就滿意了嗎？妳還可以更好！」或是「不行，達不到標準。」在這樣的高壓環境下，以茹感到很大的壓力。

有天在公司，上司又開始刁難，以茹忍不住反唇相譏，場面甚是尷尬。最後以茹決定先請假離開工作現場。以茹一個人漫無目的走著，她想起這幾年不管她做得再好，總是被批評、總是被挑剌。她非常難過，自己真的是扶不起的阿斗嗎？真的連一點優點都沒有嗎？

那天晚上，以茹沒有回家，她媽媽著急地到處打電話找人。終於，在半夜，她拖著沉重的腳步回到家，以茹媽媽一見到她：「妳去哪裡？妳不知道我很擔心嗎？」

「我去海邊。」以茹累到不想講話。

她媽媽看到她全身濕透，心中明白了幾分，只是靜靜地說：「先去洗澡吧，然後好好睡一覺。」

原來，以茹由於工作壓力加上母親的責備，她長年的不滿一下子爆發，心中產生了不好的念頭。還好，當她走入海裡時，有個男的跑過來拉住她：「美女，晚上不要一個人到海邊，又危險又冷。」以茹才頓時清醒，發現自己差點做了傻事。

經過這件事後，以茹和媽媽第一次深入詳談，了解了彼此，也知道媽媽為何吝於讚美。此後，以茹媽媽變了，變得開始讚美，雖然有時候很突兀，但大家都替以茹覺得高興。

讚美不是討好，而是圓融的要素

俗話說：「好話一句三冬暖，惡語一句六月寒。」讚美他人，不用想得太複雜。有人覺得會降低自己的地位，有人認為太常讚美他人，會讓對方得意忘形……理由很多，終歸就是不懂讚美。其實，人人都喜歡被讚美，一句發心的讚美，就能讓人心情愉悅，何樂而不為呢！

攻略小語

◎ 讚美也像是食物的調味料，添加少許，即能讓食物更添滋味。重要的是，讚美要發心且適度，否則只會讓人覺得不夠真誠。

◎ 讚美，可以加強凝聚力，可以拉攏彼此。讚美絕非拍馬屁，而是一種發自內心的欣賞。一個吝於讚美的人，人際關係自然乏善可陳。

◎ 俗話說：「好話一句三冬暖，惡語一句六月寒。」讚美他人，發心最重要，不用想得太過複雜。

攻略25

否定和反駁，不代表有主見

莎士比亞：「明智的人絕不坐下來為失敗而哀號，他們一定樂觀地尋找辦法來加以挽救。」有人習慣性地否定別人，以為這就是有想法的表現；擔心被別人說隨波逐流或是沒有主見，所以不願意附和他人意見。其實，這只是一種消極的方式，以為和其他人不同就是「有主見」表現，殊不知，當你不斷否定他人，或是反駁別人的看法，只會造成對方覺得和你話不投機，最後拒絕和你溝通。

反駁，不代表言之有物

反駁，不代表有想法。當習慣了反駁，過度防禦，反而會造成溝通困難。

曉詩是個外包人員，朋友介紹她幫忙編輯一本書。內容和文稿都已經確定，曉詩只負責編輯成書和確認內文是否正確無誤。和曉詩接洽者是主管的助理漢克，剛到公司兩個月，雖然看似和氣，但是對方的字典似乎沒有「很好、正確」這幾個詞語，很難從他口中聽到正面的回覆。兩人聊了十分鐘後，曉詩簡直快要崩潰。

從時間、風格和大綱，漢克全部打槍，連交稿時間，曉詩提議兩個半月，他馬上搖搖頭說道：「不行，頂多給妳八十天。」聽完後，曉詩忍不住問道：「八十天比兩個半月還長耶。」或許漢克為了建立專業或是威嚴，所以不管什麼決定，都先用「不是」或是「不對」來回應或是反駁。

雖然編輯的內容對曉詩而言並不難，但是如果之後還是漢克負責和她溝通，她認為會變得十分棘手，所以，她決定先編輯十頁，讓對方確定這種風格是否符合需求，等確定後再簽約。沒想到僅僅十頁，竟是惡夢的開始：漢克用放大鏡看了這十頁的稿件。

曉詩看到回稿意見後，當下決定這個外包工作跟她無緣了。漢克改了很多地方，都是些無關緊要之處。最經典的是把藍色改成粉紅色、把咖啡廳改成咖啡館，甚至一些不重要的地點，他也進行修改。曉詩看完後，打了通電話和漢克溝通，結果漢克說：「不是這樣吧，妳是不是沒搞清楚我的想法，我改的地方都是有原因的，反正妳盡量照我的方式。」曉詩試圖再次溝通，結果漢克大部分都否定她的提議，而且也無法解釋原因。最後曉詩投降，跟對方主管表示因為身體因素這次無法合作。

過了半個月後，曉詩又接到主管的電話，對方再次提出合作要求，然後默默地說的一句：「漢克已經離職了。」原來，漢克因為太喜歡反駁別人，同事都不太喜歡他，可能覺得自己不受歡迎，上班變得不開心，自己揮一揮衣袖離去。

很多人誤把反駁代表有自尊心或是有主見的行為，卻在無形中讓人反感，而不願與之相處。

有主見，而不是事事有意見

韓穎最近遇到一個問題。公司來了一個新人，雖然經驗不多，但學歷很好，所以決定雇用他。韓穎負責帶他才幾天工夫，韓穎覺得她好像瞬間老了好幾歲。這個新人，誤把反對當成有主見了，讓她感覺每天都像在作戰一樣。剛開始，她請新人打一份資料，結果對方跟她說：「我覺得打資料這份工作，應該要下午進行，因為早上精神好。」

韓穎回道：「但是下午一點開會時，我們會用到這份資料。」

這個新人心不甘情不願地開始打字，沒五分鐘，他又過來了。「前輩，我覺得這份資料寫得不好，很多地方都需要改。」

「那可以麻煩你改嗎？之前撰寫這份草稿的人已經離職了。」韓穎禮貌詢問。

「不是。我當然可以改，但是這不是我的工作吧？我不是你的助理也不是負責打字，故我建議請樓下的行政助理完成這份打字。」新人義正嚴辭地說道。

由於時間緊急，韓穎直接要求這個新人打字，不想跟他進行無意義的辯論。

有一天，辦公室的電話響了，剛好新人離電話最近，但他並未接電話。韓穎問道：「為何不接電話呢？」

「不是，這不是我的工作，而且電話不是找我的。」

韓穎忍不住翻了白眼，這個人腦中充滿了一堆否定的藉口。

隔了兩天，韓穎發現新人寫的報告有幾項錯誤，於是提醒他修正。結果新人又發表高見：「不是吧，報告不是這樣做的，每個人的意見不一定相同，這不代表是我錯。因此，我不認為我應該要修改。」韓穎無言以對，最後不得以用命令口吻，請他照做。

還有一次開會討論行銷方式時，其中韓穎先提出自己的想法，結果新人馬上說道：「我覺得這種方式不太好，效果不好。」

韓穎說：「那請提出更有效的方式？」

新人瞬間安靜，表示目前還沒想到。

諸如此類的事情，新人總是有很多荒謬的言論反駁和否認，加上其他同事對他也頗有微詞，沒辦法與他共事。新人自己似乎感覺到自己不受他人歡迎，剛好其他部門有缺人，這位新人自願請調，韓穎才鬆了一口氣。終於，不必擔心每天被氣到內傷要吃清心丸。

有個朋友跟我抱怨，他們小組報告的某位成員，每次別人提的意見他都會反駁，覺得成功率不高。小組討論時，氣氛很差，大家無精打采，因為反正不論什麼提案，這個否定型同事一定有他反對的理由。於是，我請他下次直接詢問對方的意見，讓他抒發，他話反而變少。遇到這種以反駁為樂、否定為主的人，將發球權交給他是最好的方式，因為他們只想否決對方，並沒有真正的答案。

提出意見和討論是種溝通過程。但是對於別人的話語，九成都打槍，不代表自己很有主見。有時候，不斷地反駁，別人不會覺得你很有想法，反而讓人覺得難以相處，人際關係自然受阻。

尊重個人意見，溝通才能雙向

卡內基：「對別人的意見要表示尊重。千萬別說：你錯了。」這句話雖然短短幾個字，但充滿睿智，很多人需要學習。否定別人很簡單，只要一句：「錯，不是這樣。」好像自己就高人一等。記得看過一個節目，當主持人講了一段話後，某位習慣反駁他人的來賓急忙接話，用了「錯了、不是」等字眼，來顯示自己不同的層次。主持人反應很快，馬上問道：「喔，聽聽你的想法。」結果這個來賓愣了一下，回答了和主持人差不多的答案。當下，氣氛很微妙，大家笑而不語。這種情形常常發生，因為好像認同別人觀點，會顯得自己沒有存在感。尊重他人意見、表達自己想法，有很多的方式，最差勁的方式就是以「否定」開頭。建議學習改掉這樣的壞習慣。

攻略小語

◎ 莎士比亞：「明智的人絕不坐下來為失敗而哀號，他們一定樂觀地尋找辦法來加以挽救。」有人習慣性地否認別人，以為這就是有主見的表現。或是擔心被別人説隨波逐流或是沒有主見，所以不願意附和他人意見。

◎ 反駁，不代表有想法。當習慣了反駁，過度防禦，反而會造成溝通困難。

◎ 遇到這種以反駁為樂、否定為主的人，將發球權交給他是最好的方式，因為他們只想否決對方，並沒有真正的答案。

攻略 26

交淺言深，讓人退避三舍

人際交往中，交淺言深是其中一項最忌諱的行為。子曰：「可與言而不與之言，失人；不可與言而與之言，失言。知者不失人，亦不失言。」社會上，躁人辭多的情形不少，人際交往因為言語無度而受到他人排斥。在會議上、在派對上這幾種場合，可能會遇到初識或是只是點頭之交的友人，最容易出現「交淺言深」的戲碼。譬如，有人會問起另一半、有人會提到薪水……這些都是社交場合中讓人退避三舍的問題。因此，想要正面的人際關係，千萬記得「勿交淺言深」，才不會讓人在心裡畫一個叉。

交淺言深，讓人一頭霧水

人際互動裡，交淺言深常常會讓人不知所措、一頭霧水。最容易引起尷尬的時刻，就是當你覺得泛泛之交的朋友，突然問起你：「妳男友薪水好嗎？養得起妳嗎？」這種時候，回不回答氣氛都很僵。

朋友誼芳分享過一個她面試時遇到的例子。她記得面試者很多，考完試後，只剩下了約二分之一的人進行口試。考完試時，大家正在休息，準備下一輪。此時，一個面試者突然坐到她旁邊，主動開口和她說話：「我叫康茵。妳之前做什麼工作的？」

誼芳微怔，這種話題適合在面試的場合聊嗎？

誼芳還沒回答，康茵繼續說道：「我之前是在保險業，但因為業績不好，薪水不高，所以才辭職，想找一個穩定的工作。我男友說我是水瓶座的，適合自由和多變的工作……」

接下來幾分鐘，康茵把之前工作時發生的事情，以及男友在哪裡工作、他們交往的故事和過程，毫不保留地分享，甚至連他們吵架的過程也沒遺漏。

誼芳很想打斷她，但找不到時機點。問題是：今天是他們第一次見面，也可能是最後一次見面。對於連朋友都稱不上，康茵怎麼會將私事當成主題來聊。

終於，康茵講完冗長的愛情史，她突然說道：「我覺得我應該會被錄取，說不定以後我們就是同事了。」

「謝謝。」除了這兩個字，誼芳不知道該如何回應。

「妳好像很害羞喔，妳呢？結婚了嗎？」康茵突然又換了話題，一樣非常深入。

「我還年輕，心情還不定。」誼芳巧妙的避開問題。

可能覺得誼芳很無趣，所以康茵把目標轉到另外一個面試者，問的問題一樣讓人覺得被冒犯。後來，誼芳、康茵和另外兩個都錄取了，但是卻沒有人願意和康茵一起外出吃飯，因為康茵不懂拿捏尺寸，讓人覺得交淺言深，內心產生排斥吧。

鉅細靡遺，我們很熟嗎？

卡洛是我朋友的室友。某天，我去找朋友時，對方不在，是卡洛開的門，跟對方打了聲招呼後，她邀我到裡面等，不到一分鐘，我便想奪門而出。之前我聽過朋友抱怨過卡洛交淺言深的事蹟，我以為她誇大其辭，沒想到竟然所言不假。

她突然說道：「妳有看過我男友嗎？」

我搖搖頭，我和卡洛之前頂多就聊過一兩句，似乎沒熟到聊男友。

她突然遞過來一張照片：「這是我男友，我姊說他長得很像布萊德彼特，妳覺得呢？」

我看了一眼，覺得超級不像，但她熱切的眼神，讓人不想潑她冷水，於是我委婉地說道：「臺灣人要像外國人可能有點難度吧？」

「嗯。我跟妳說喔，我和男友已經交往七年了，他很愛我。」

「恭喜妳啊。」我露出真誠又不失禮貌的笑容。

「但是我想分手了。」卡洛突然話鋒一轉。

「為何呢？」我竟然真心想知道。

「因為我覺得感覺淡了，而且我最近有新的對象，所以……」

就這樣，我花了三十分鐘，聽了卡洛豐富的感情史，以及即將劈腿的想法。當下，我渾身不自在，畢竟這是很私人的事情，跟一個陌生的人討論，真的很不適合。

「我覺得妳和現任男友先聊聊，畢竟感情要忠貞，不是嗎？」

「嗯。跟你聊天很愉快，我其實很寂寞，沒什麼人願意和我聊天，他們覺得我講話抓不到重點。」卡洛突然分享內心的孤單。

「有時候，如果兩人關係不夠深，或者不夠熟，盡量不要討論和分享私事，會讓人有壓力。」我發自內心的給予建議。

卡洛沒發現自己聊天的內容有問題，會讓別人看到她就害怕，因為，如果彼此關係不緊密，但卻知道太多別人私事，反而是種壓力，甚至會讓人逃之夭夭。

人際技巧，勿以私事當話題

蘇軾〈上神宗皇帝書〉：「交淺言深，君子所戒。」不甚熟識的人，談話內容過度深入或私人，就是一種不得體的表現。然而，生活中這種例子屢見不鮮。譬如，剛認識的朋友劈頭就問：「有沒有交往的對象啊？結婚了嗎？」還是在一些活動中，初次認識的人，不斷地問：「在哪工作？薪水大約多少啊？……」這些問題，毫不避嫌，被問到的人如果剛好答案都是否定的，不是很難堪嗎？會對詢問者馬上會產生一種敵意，更遑論想要深交和了解。所以，交淺就不要言深，人際交往中才不會因為這些下意識的問題，而讓他人厭煩。

攻略小語

◎ 子曰：「可與言而不與之言，失人；不可與言而與之言，失言。知者不失人，亦不失言。」社會上，躁人辭多的情形不少，人際交往因為言語無度而受到他人排斥。

◎ 想要正面的人際關係，千萬記得「勿交淺言深」，才不會讓人在心裡畫一個叉。

◎ 交淺就不要言深，人際交往中，才不會因為這些下意識的問題，讓他人厭煩。

攻略27

說話藝術，必學之道

溝通是一種藝術，說話不難，但說話讓人信服和舒服，確是有難度。有人習慣用冷嘲熱諷來說明自己看法；有人喜歡有話直說來證明自己的爽朗；有人善用尖酸刻薄來表示自己的高度；有人使用頤指氣使來展現自己的能力；有人擅長用關懷體貼來表達自己的判斷……如果無法考慮對方感受，這種說話的方式會造成對方的負擔，反而弄巧成拙變成反面教材。說話的藝術，是需要學習，人際關係才能一帆風順。

說好話，讓人如沐春風

情商高的人，說話的藝術通常是讓人讚嘆！

之前看過一個關於經營餐廳的綜藝節目，裡面的大堂王經理是由人氣高、長相帥的內地國民偶像王俊凱擔任，年紀輕輕，表現不凡。一季下來，觀眾除了讚美他的外表，對於其控場能力、協調溝通技巧、邏輯能力、勤勞體貼和同理心紛紛表示驚艷不已；尤其他的高情商和說話藝術讓很多人讚賞，稱之為「凱學」。網路上有人寫文章，有人拍影片分析，並且當成教材來學習。

王俊凱在節目中有許多可圈可點的優點可以學習。優良的說話藝術，再加上善良，讓人備感安慰。技巧很重要，但善解人意更是加分。其中，我對於他安慰主廚的話，印象特別深刻，也很感動。

他們在義大利西西里島陶爾米納錄制，所以並不熟悉當地的購物商場和食材。晚上討論時，店長提到今天有客人悄悄跟他說這肉（粉蒸肉）不好吃。對於一個主廚而言，菜餚被批評，讓人難堪又不好受。當下，林大廚表情凝結，看得出來心情大受影響。結果王經理私底下安慰他說：「林哥，今天那客人其實也沒說粉蒸排骨不好吃，他是說義大利這個豬肉的肉質，不適合蒸，蒸得有點硬，不是味道的問題，所以並不是不好吃。」這段話裡就有不少讓人值得學習之處：

第一，他並沒有直接說「其實很好吃……」這樣安慰的話語，不僅效果有限，也很容易讓人覺得「為了同情而同情」，沒有設身處地之感。尤其像林大廚在其領域非常專業著名，更容易聽出來對方是真心或是假意。

第二，他提到真正原因，是因為肉質不適合蒸，而不是只是說「不關你的事」。在安慰他人時，很多人常會用「你沒錯，都是別人的錯」這種二分法，但如果雙方都在現場，很容易得罪另一方。然而王經理用的是「有理有據」，誰都沒有批評。這一點難度最高，除了情商過人，另外就是換位思考和善意。

第三，真誠。誇讚和肯定的內容，必須基於事實層面。在安慰林大廚的時候，沒有故意表現出「我懂你的委屈」這種神色，反而是真誠的分享，讓大廚和王經理聊天後，得到讓人寬心的訊息，這點的確不容易做到。有時候，你還沒開口，但表情出賣了你，別人反而聽不進去，更鑽牛角尖。

因此，即使王俊凱是這檔綜藝裡面年紀最小的藝人，但他的表現和說話技巧，讓人佩服和肯定，打從心底信任這個「大堂經理」。他用優秀的溝通技巧，讓人信任，沒有因為年紀小而無法融入大家，反而因為善用說話藝術，擁有絕佳的人際關係。

說好話，讓人如沐春風；做好事，讓人心曠神怡。

說話藝術，人際關係必修課

薩迪：「你若不說話，不會有麻煩；你若開了口，就得有才幹。」言多必失，就是因為對於說話的掌握度不佳。有時候，沉默反而是好事，尤其是有些特別不會講話的人。最可怕的一種人，就是把無聊當有趣，常常讓現場冷颼颼，還自以為詼諧。

錢經理是米潔公司的空降部隊，來公司才幾個月，卻被評為「不會說話」第一名。大家都避免和他說話，以免讓自己受氣。有天，錢經理一進入辦公室，突然大聲說道：「李經理，恭喜你了。」

負責業務的李經理一臉疑惑：「怎麼了？老闆要加我薪嗎？」

錢經理竟然大笑說：「哈哈，你還敢提加薪？剛剛我和老闆開會時，老闆說如果你業績一直無法突破，就要考慮讓你優退或是裁你部門員工。真好，工作沒達標還有錢拿，而且還能在家休息，輕鬆又自在啊。」

李經理怒火中燒，但如果當眾發火又太沒風度，於是假意說道：「優退？是真優還假優啊？你可別畫大餅給我啊。」

錢經理回道：「快工作吧，別中年失業喔。」

這句話讓李經理差點翻桌，還好平常受他茶毒，已經練就一身的好脾氣。米潔的同事習以為常，但這次更離譜，畢竟和工作有關，真的不應該當笑話來說。平常錢經理溝通和說話的方式，常常無意間傷害別人，他總以為開個玩笑，又無傷大雅。遇到這種主管時，千萬不要硬碰硬，因為他們不會檢討自己，反而會以更惡劣的方式，用言語傷害你。

說話的藝術，人際的魔術

馬克吐溫說：「恰到好處的稱讚，是一種高超的處世藝術，只有少數人才能掌握它。」讚美過度，讓人覺得諂媚；缺少讚美，讓人覺得嚴厲。懂得說話藝術的人，可能將扭轉情勢；反之，說話是一門藝術，多說話不如會說話。說話可以委婉，但絕對不要造假，否則反而會造成對方的不信任感。

說話的溝通效果是人際關係的基本，這些效果帶來不同的人際關係。說話的藝術，彷彿是人際的魔術，透過懂得運用說話技巧，讓對方理解和同意。如果不懂得說話藝術，不自覺的說出「想說」的話，有可能造成說者無心、聽者有意的狀況。說話，是熱門話題，因為它影響人際關係深遠，值得學習。

攻略小語

◎ 說好話，讓人如沐春風；做好事，讓人心曠神怡。

◎ 馬克吐溫說：「恰到好處的稱讚，是一種高超的處世藝術，只有少數人才能掌握它。」

◎ 說話的藝術，彷彿是人際的魔術。透過懂得運用說話技巧，讓對方理解和同意。如果不懂得說話藝術，不自覺的說出「想說」的話，有可能造成說者無心，聽者有意的狀況。

攻略
28

人生不是戲，莫當悲劇型人物

愛默生：「在他們看來，在天空裡明亮的彩雲上總懸著一顆黑色的災星。」對於悲劇型人物而言，他們看到的人事物通常都是負面的或是悲觀的。例如，看到有人結婚就會擔心離婚；看到有人感冒，就會覺得會不會有併發症。相反地，對於樂觀的人而言，對於結婚就會想辦法經營婚姻，如何讓婚姻美滿，而不是想到最壞的一面。這種迥然不同的思維，人際關係也截然不同。

悲劇性格，結局如何喜劇

悲劇性格的人，會因為一些小事不斷折磨自己，產生不好的想法。日積月累之下，生活充斥著負面和憂慮，如何能感到快樂呢？也因為這樣的性格，會影響人際關係，沒有人喜歡籠罩在一種擔憂的氛圍裡。

我有一個朋友歐洛拉，常常把自己當成悲劇女主角。她在聚會時，常常發表一些悲觀的言論破壞大家的心情。譬如，有個朋友突然收到老公送的禮物，當她開心的跟大家分享時，歐洛拉會嘆氣道：「妳老公突然送妳禮物，會不會是一種補償？我看電視上說，男人如果做錯事都會用禮物來打發。」當時，原本歡欣的氣氛，頓時變得有些詭異。

那個朋友臉色一沉，以沉默代替抗議。

還有一次，一個朋友跳槽到另一家公司，因此請我們吃飯。結果歐洛拉知道後，又開始替她煩惱：「妳新工作薪水這麼好，該不會有什麼問題吧？而且領得多，工作量也多，別賠上健康。」

對歐洛拉而言，她覺得凡事都不應該太樂觀。但對我們而言，她杞人憂天的性格，讓她在感情之路非常不順遂。

歐洛拉戀愛時，會變得更加焦躁多疑，對自己一點信心也沒有。對她而言，愛情沒有公式也沒有絕對，白頭到老是奇蹟。所以她會擔心男朋友「突然」不愛她，或是遇到更好的女人而背叛她。因此，她給自己許多不必要的壓力，會常常查男友的勤。之前的兩段愛情，一次剛萌芽，一次是交往不久，對方就受不了壓力而選擇回到朋友關係。

想要擁有好結局，這個過程是難過或是有趣，由妳決定。如果不斷杞人憂天，總懷抱悲觀想法，結局怎麼會好呢？

悲觀，讓自己進退兩難

人生不同時間會有不同的風景。有人欣賞沿途景色，有人擔心會發生意外。往往一時衝動的決定，之後會後悔不已。

留學時，交了來自各國的朋友。當時，剛到美國時，受到不少學長姐的照顧。後來，如果有新生來，我們都會熱情地給予幫助，讓他們在異鄉不會感到孤單和無助。

這個故事，發生在一個悲觀的同學身上。新生賈桂琳和我住同區，第一天，學姊介紹賈桂琳和我認識，希望我有空能照顧她。擔心她一個人初來乍到，會胡思亂想，除了常陪她吃飯，還會帶她去逛街。每一天，她總是告訴我她很孤獨，她不習慣美國的生活。

當時我們住的地方，是類似飯店型態，所以租金不貲。除了有保全和經理，每天都有職員在大廳和辦公室提供住戶服務。賈桂琳的母親打給我，希望我勸勸她，因為他們租金付了一年，學費付一學期，如果現在離開會浪費很多錢。而且，留學是賈桂琳的夢想，她父母全力支持她，卻因為個性太悲觀，覺得不如她意，每天都在後悔的框框中，無法自拔。

賈桂琳的愁眉苦臉，讓她在交朋友方面也有難度。因此，我盡量每天都找她吃飯，說服她繼續在這裡讀書，她笑容越來越多，也答應我試試看。當我放下心中大石時，過了幾天，賈桂琳突然說：「我還是想回去臺灣。」

「為什麼？」我不理解。

「我覺得讀完書也不見得能找到工作，而且我本人個性就比較會想到壞的一面，在家常常哭，覺得很悲觀，人生好苦。」賈桂琳又想到另外一個負面結果。

後來，賈桂琳父母雖然無奈，但也只能答應讓她回去。就這樣賈桂琳結束她在美國短短的一個多月「留學經歷」，付出代價相當高。

一個悲劇型人物，不管身處在何處，永遠想到最差的一面。跟地點無關，跟人物無關，是和心境有關。

改變性格，人際關係向前衝

邱吉爾有句經典名言：「樂觀的人在每個危機裡看到機會，悲觀的人在每個機會裡看見危機。」這短短兩句話，卻點出兩種性格之間真正的差異。記得有一次小組報告，由於主題關係，能夠找到的資料有限，上臺講半小時難度太高。當時，有人樂觀，有人悲觀，讓討論更加窒礙難行。後來，我提出了用附件來湊數。譬如，做海報、做PPT以及表演情境劇來說明。樂觀的人馬上贊成，而悲觀的那位同學只是說：「這樣好嗎？會不會被教授看破手腳？慘了，會不會不及格？」看他一個人獨自演了一場悲情劇，我們只覺得想笑。後來，我將任務分成四部分，海報和報告我負責，其他部分則分配給其他人。結果，效果比預期好，分數是全班最高的。很多時候，個性會影響結局，改變性格，不但可以讓事情更順利，也可以讓人際關係向前衝。

攻略小語

◎ 愛默生：「在他們看來，在天空裡明亮的彩雲上總懸著一顆黑色的災星。」對於悲劇型人物而言，他們看到的人事物通常都是負面的或是悲觀的。

◎ 悲劇型人物，不管身處在何處，永遠想到最差的一面。跟地點無關，跟人物無關，是和心境有關

◎ 邱吉爾有句經典名言：「樂觀的人在每個危機裡看到機會，悲觀的人在每個機會裡看見危機。」這短短兩句話，卻點出兩種性格之間真正的差異。

攻略 29

網路和現實，傻傻分不清

有人說：「抓住現實中的一分一秒，勝過想像中的一月一年。」現實或許很殘酷，想像會很美好。現實中，一個其貌不揚的人，在網路上的形象可能貌賽潘安；現實中，一個言不及意的人，在網路上可能口若懸河。如果分不清網路和現實，一頭陷入幻想的世界裡，現實中可能很難和其他人相處而造成人際障礙。輕微的症狀，或許不會影響生活，但若是過度依賴網路，在現實中便會很難和他人相處。網路和現實，請好好分清楚。

網路朋友，稱兄道弟

小雪美女結婚了。我因為出國，沒辦法參加婚禮，但仍然送上禮金，獻上祝福。

小雪和老公從交往到結婚時間並不久，因為對方老實體貼，小雪覺得是好老公的人選，所以便同意求婚。

回國後，小雪約我出去吃飯，我以為她要分享婚禮的喜悅。沒想到，她是要抱怨這奇妙的歷程：結婚當天，小雪就傻眼了。由於雙方親戚朋友不多，所以只請幾桌。男方的朋友來了六個，小雪看他們互動很生疏，一問之下，才知道這幾個朋友全部都是打怪認識的，今天是第一天見面。老公現實中認識的朋友，一個都沒來。他的理由是因為個性害羞，所以只敢網路交友。小雪雖然驚訝，但想想老公的確很內向，而且他答應小雪以後只會在線上組隊，不會再約出來見面。

每天，小雪老公固定要玩一個半小時左右的網路遊戲，而且不准小雪在旁邊，以免干擾。突然在結婚後一星期，老公說要出差三天。小雪不疑有他，沒想到隔天接到老公公司來電，因為手機連絡不到人，所以請小雪轉告，她才知道老公不是出差，而是請假。

晚上小雪終於聯繫上老公，原來他是和那幾個網路朋友出去玩，因為怕小雪阻止，才欺騙她。小雪簡直快崩潰了，她到底嫁了什麼人？對於這段婚姻，她必須要好好思考。

其實網路交友有風險，必須要好好了解，見面一次就約出去旅行，太匪夷所思。再者，現實中的朋友很重要，如果人際關係只在網路上，對於真實人生的交往躊躇不前，反而讓人擔心。

不曾見面，他可能會愛你？

由於網路日漸發達，很多人非常熱衷於網路交友。然而，面對一個不確定的人，真的能全然相信嗎？這是我朋友佩格發生的例子。

佩格在網路上認識了一個自稱「老闆」的人，兩人聊了快一個月，相談甚歡。

「我太幸運了，有個富有的老闆跟我告白了，說很喜歡我。才三十幾歲，開公司，身高一米八喔。」佩格開心地告訴大家。

朋友聽完後都勸她：「老闆都很忙，怎麼會有空每天跟妳聊天呢？還有妳們才認識一個月，也沒見過面，怎麼隔空談戀愛呢？」

「他說公司有人管理，所以他不需要每天去。還有，他還請我出國去玩。」佩格喜滋滋的說道。

「佩格，知人知面不知心，妳可不要出去和他單獨見面喔。」大家很擔心，常常勸她。

「我知道。」佩格小聲說道。

或許因為怕我們阻擋，或許因為沉迷於網路，佩格很久沒出現在我們聚會中，即使我們跟她聯繫，沒聊兩句，她總是匆匆結束話題。

可能佩格把重心放在和老闆聊天，沒時間和其他朋友相處吧？！雖然我們都覺得老闆或許是虛構人物，但佩格卻深信不已。

某天，佩格竟然主動聯絡我們，訴說她這幾天的遭遇。原來，前天佩格偷偷和老闆見了面，約在 KTV。但是老闆的外表和照片相差十萬八千里，而且身高也差了快十公分吧。佩格很失望，但基於禮貌，還是跟他去唱歌。沒想到在唱歌時，他竟然對她毛手毛腳。佩格推開他，奪門而出。

更荒謬的是，回來後，「老闆」傳了封訊息給她，請她付 KTV 的費用。

「幾百塊都跟妳要，妳還相信他會招待妳出國玩？兩人都沒見過面，竟然相信他可能會愛妳，妳真的好傻好天真。」

佩格哭笑不得，對於網路交友，她應該不會再嘗試了。

現實和網路，明辨是非

由於科技日新月異，網路愈來愈發達，很多人喜歡把時間花在網路的虛擬交友上。然而，面對不知道真假的對方，真心誠意地告訴對方自己的資訊，這其實是有一定的危險性。網路和真實，千萬別傻傻分不清楚而陷入虛擬交友中，忘了真實世界。一旦習慣了網路世界，面對真實的人際，許多人反而不知道如何應對。孰輕孰重，還是要分清楚，人際關係才不會失衡喔。

攻略小語

◎ 如果分不清網路和現實，一頭陷入幻想的世界裡，現實中可能很難和其他人相處而造成人際障礙。

◎ 如果人際關係只在網路裡，對於真實人生的交往躊躇不前，反而讓人擔心。

◎ 一旦習慣了網路世界，面對真實的人際，反而不知道如何應對。孰輕孰重，還是要分清楚，人際關係才不會失衡喔。

攻略30 每個人都有祕密花園

林依晨曾有感而發寫下：「每個人的心中都有屬於自己的祕密花園。」十幾年前，林依晨主演的《我的祕密花園》曾經造成轟動，討論度很高。裡面的主角，不管陽光開朗、坦率或是單純，或多或少都有自己不為人知的祕密。這些都和是否與你親近、是否是伴侶無關。不與你分享並非表示他們想隱藏，而是想保留自己的祕密天地。所以，懂得不窺探別人心中祕密的人，是尊重人的一種表現。換言之，對於他人祕密表現過度關心，在人際關係中是種令人反感的行為，避免為之。

祕密花園，勿得寸進尺

英國作家斯威夫特說：「在交談當中，有的人用些陳腔濫調折磨著每一個賓客，不讓自己的舌頭休息片刻，卻自以為是學識淵博。」殊不知這些知識或常識，大家都耳熟能詳、瞭若指掌，不需要再多加著墨。除了陳腔濫調，更可怕的一種聊天內容是「詢問隱私」，而樂此不疲。

每個人都有自己的祕密花園，是不想說也不可說。然而，有人對於這種隱私部分，卻特別感興趣。即使對方已經說不方便說，還不斷軟土深掘、不斷的逼近，想知道這些祕密。

我們之前有個十人群組，其中有一個妹妹很喜歡問別人的祕密，有一次她把內容誤傳到群組，有幾個人都看到了，大家才知道她講話這麼八卦，於是把她踢出群組。否則我們群組的內容，可能都會被她分享出去。

每個人都有自己想說和不想說的事情，要懂得尊重他人，不要傳別人的八卦，也不要一直問別人的隱私，否則別人一看到你，跑都來不及了，更別說與你當好友了。

祕密，就是不可說

祕密花園的種類，其中一項是婚姻關係。在社交場合中，有幾種禁忌：詢問他人婚姻、薪水和家庭關係。

女強人伊娃辦了五十歲的生日派對，邀了幾個朋友參加。伊娃從來沒有提過自己的婚姻關係，所以我們猜測她可能不想提。或許是單身，或許是離婚，這都是她的私人領域，如果她沒主動提，大家也不會故意探詢。

派對一切都很棒！食物美味，飲料可口，沒想到一個不熟的朋友提姆突然問道：「妳老公沒來嗎？」伊娃頓了頓，假裝沒聽到，繼續和其他人聊天。

提姆見她沒反應，又繼續問：「啊，妳該不會還是單身吧？」

這個問題比上個問題更刺耳，伊娃嚴肅地說道：「這是我個人隱私，不適合在大眾面前提。」

提姆安靜了幾秒，又繼續進攻，「說一下嘛，我很好奇啊。」

「這裡的甜點很好吃喔，你們要點嗎？」伊娃故意轉移話題。大家也配合的開始看菜單。從此伊娃再也沒約過提姆參加聚會，她是個很注重隱私的人，不喜歡別人再三的挑戰她的底線。

試探別人的祕密，傷害人際關係

每個人都有自己的祕密花園，沒有受邀、強行參觀，就是擅闖民宅，是不被允許的，還會被驅逐出境。雖然說每個人都有好奇心，但是對於他人隱私，不管多麼好奇，都不能再三詢問。人際交往中，探人隱私很容易讓人產生強烈的反感，很難改變想法。所以，不要試探別人的祕密，除非別人願意告知。不要挾關心之名，行八卦之實，這對別人是種負擔，也會讓你不受歡迎。所以，三思而後行，別問不該問的問題，有時對事實保持沉默，也是一種方式。

攻略小語

◎ 懂得不窺探別人心中祕密的人，是尊重人的一種表現。換言之，對於他人祕密表現過度關心，人際關係中是種令人反感的行為，避免為之。

◎ 每個人都有自己的祕密花園，沒有受邀，強行參觀，就是擅闖民宅，是不被允許的，還會被驅逐出境。

◎ 不要試探別人的祕密，除非別人願意告知。不要挾關心之名，行八卦之實。

攻略31

傾聽，「聲」入你心，深入他心

霍布斯：「傾聽對方的任何一種意見或議論就是尊重，因為這說明我們認為對方有卓見、口才和聰明機智；反之，打瞌睡、走開或亂扯就是輕視。」有良好人際關係的人，其中一個特質就是懂得傾聽。有效傾聽可以提升溝通能力，是透過對方的言語給予理解和評價，並回饋給對方。傾聽有幾種技巧，除了目光要注視對方、不要輕易打斷對方，適時的用問句引領對方說得更多，當然肢體也很重要。很多人最討厭的回應就是「嗯嗯」，會讓說話者感到不受尊重和受挫。傾聽，是人際交往中重要的一個技巧，學得好，人際關係會更好。

懂得傾聽，人際關係讓人羨

歌德：「對別人述說自己，這是一種天性；因此，認真對待別人向你述說他自己的事，這是一種教養。」談話是種天性，想盡情跟對方表達想法，卻忽略對方是否願意聽。然而，如果勉強自己傾聽，表情會出賣你，反而會惹怒對方。

在加拿大讀書時，交了不少來自各國的朋友，人際關係非常好。很多朋友問人緣好的技巧，我笑著回答：「因為我非常擅長傾聽。」

我曾經住過一個月的宿舍，因為想體驗外國宿舍生活。有一次，我剛和加拿大同學騎完馬，回到宿舍時，發現門口有三個朋友在等我，但他們互相不認識。其中兩個先回去，晚點再來跟我聊天，留下來的盧娜說要請我吃飯。從吃完飯到她講完她的愛情困擾時，已經十點了。我當時很疲倦，但是看到她流著淚的敘述，實在不忍心打斷她。面對她的問題，我也是經過思考才回答，而不是只是回答：「不知道、都可以……」這種敷衍的話語。終於，她說完了，破涕為笑的跟我說：「謝謝妳，我今天本來很沮喪。跟妳聊完後，我覺得心情好很多了。妳的安慰和建議，我會好好想一想。」

又有一次，韓國朋友智熙約我去咖啡廳，「我可以跟妳聊一聊嗎？」

「好啊。」她的表情苦澀，眼睛紅腫，讓我不忍心拒絕。

「剛剛，我暗戀很久的人，當大家的面對我破口大罵。因為一件小事情，我覺得丟臉又傷心。」智熙喝了一口咖啡。

智熙敘述著她認識這個人的過程，他的外表和脾氣，以及為何喜歡他，為了他做了多少事。聽著聽著，我也忍不住紅了眼眶。

暗戀是很辛苦的事情，尤其對方的回應是不好的。

「妳真的很喜歡艾瑞克歐爸。」雖然她沒提到對方的名字，但我的觀察能力很強，猜出正確的名字。

「妳怎麼知道的？你也認識他嗎？」她訝異說道。

「我認識他，但不熟。我上次和妳出去吃飯，剛好遇到艾瑞克，妳看他的眼神，只要稍加注意，就能發現了。」

「這就是為何我喜歡和妳聊天，因為妳認真又貼心，不是只是假裝傾聽。」

那天的談心之旅讓我們感情更好了。後來即使我離開加拿大，我們仍繼續保持聯繫。傾聽，不是只是人到心不到，如果能感同身受，傾聽才能達到目的。

不深入你心，同事冷淡傷妳心

呂玫個性好、負責任，在職場上卻沒什麼朋友。她不明白，為何沒有人願意跟她聊天。呂玫最大的問題就是：不懂得傾聽。當同事和她分享時，她總是聽不懂對方想表達的意思，常常會給予奇怪的建議。聊天時，想要表達的內容，不見得是字面上的意思，有時需要品味一下才能得知箇中含意。譬如，有同事抱怨最近好像有點胖了，最近不能再吃甜點了……呂玫因為沒認真聽，於是就順著她的話語回答：「對啊，妳要少吃甜食，否則衣服會穿不下去。」其實，同事希望得到的回應是：「沒有啊。」但呂玫因為對此話題沒興趣，所以帶點敷衍的回答，反而得罪對方。

還有一次，有個同事帶點炫耀地說道：「昨天生日，我男友買了九十九朵玫瑰給我，大家都在看我，真的好丟臉啊。都叫他不要破費了。」同事紛紛表示羨慕，呂玫竟然說道：「送花不實際，一下子就凋謝了。」

呂玫並不是故意，她只是對於不感興趣的話題都沒認真聽，只是隨口附和。後來，呂玫學聰明了，不再隨意評價，只是回答：「嗯嗯。」想當然爾，這個反應也是讓人反感的。

懂得傾聽，除了職場，對於朋友和家庭，都很有助益。夫妻間，懂得傾聽彼此，感情才會更和睦。人際關係中，一個懂得傾聽的人，會讓人感覺我是受到重視，觀感會很好。

傾聽不易，用心很重要

卡內基：「如果希望成為一個善於談話的人，那就先做一個致意傾聽的人。」一大部分的人，喜歡表達自己，但卻不善於傾聽。當別人在敘述時，常常可能因為沒專心或是沒用心，而讓對方覺得沒受到尊重。傾聽的確不容易，要知道，你的動作、你的反應和你的回應，對方都看在眼裡。如果是主管，會覺得不受重視；如果是同事，會覺得受到輕視；如果是朋友，會覺得不夠真意。傾聽，不是一件容易的事情，但如果能懂得傾聽，會讓人好感加倍。

攻略小語

◎ 傾聽有幾種技巧，除了目光要注視對方，不要輕易打斷對方，適時的用問句，引領對方說得更多，當然肢體也很重要。

◎ 傾聽，不是只是人到心不到，如果能感同身受，傾聽才能達到目的。

◎ 卡內基：「如果希望成為一個善於談話的人，那就先做一個致意傾聽的人。」

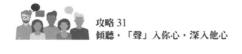

攻略32

勇於面對，別讓逃避成自然

馬克斯威爾：「想像你對困難做出的反應，不是逃避或繞開它們，而是面對它們，同它們打交道，以一種進取的和明智的方式同它們奮鬥。」面對困難時，最簡單但最差勁的反應就是逃避。離開現場只要幾秒，但問題仍在。所以，當發生問題時，不要先選擇避開，而是勇敢面對，然後好好解決。因為有時候逃避久了會成為自然的，對於人際交往，會有很大的殺傷力。如果能好好的面對一切，從過程中成長成熟，不啻是種學習。

避不見面，分手成仇

愛情是種依賴，是種互相吸引，即使感情淡了，不能夠以避不見面的方式來處理，而是要說清楚，講明白。

理莎和葛瑞是辦公室情侶，兩人交往約兩個月，正值蜜月期。有天，理莎突然在辦公室啜泣，一問之下，才知道她「被分手」了。那天，她接到葛瑞的 Line，上面寫著希望理莎不要再浪費時間在他身上，兩人不適合等等，最後一句話還說道：「這段日子很難忘，妳值得找更好的人，祝福妳。」理莎一看，當場忍不住。

中午休息時，她到葛瑞的部門想問清楚，才發現葛瑞請了幾天假，要出去旅行。顯然，葛瑞故意選擇沒來公司的時間和理莎分手，因為不想面對她。

理莎那幾天坐立難安，工作無法專心，因為不管她傳 Line、打電話，或是寄電子郵件，葛瑞都沒回她。這種感覺讓人受傷，不敢面對分手，甚至連回覆都不敢。

理莎從原本的無助傷痛、想問清楚原因，到第五天變得憤怒，覺得葛瑞真的太無能了，連分手都不敢面對面說，那以後她還期望面對困難時，他能負起責任面對嗎？情緒改變後，理莎收起想復合的心，這個男人遇到事情逃避、不敢面對，這種懦弱的性格，不是她愛的人。

後來，葛瑞回來上班後，理莎想找他出來分清楚，但葛瑞總說沒空搪塞，不敢和理莎說清楚。最後，兩人反目成仇，在辦公室當彼此是陌生人。

葛瑞這種沒有擔當的事蹟傳出去後，同事對他評價變得不好，一個不敢面對面分手的人，在工作上能有什麼作為？會不會以後有錯誤，直接找別人頂罪呢？漸漸地，葛瑞在辦公室變成一個透明人，受不了這種人際關係，他選擇遞出辭呈。

閃電人，讓他人背黑鍋

一個主管，比起能力，有沒有承擔責任的態度更重要。

珊笛的主管，非常怕負責任，有時候連簽名都要再三確認，甚至說這個部分他們負責即可，不需要請示他。有一次，主管要跟客戶提案，資料和圖片都是主管整理，珊笛並不清楚內容也不知道來源。沒想到，提案當天，主管竟然說他身體不適，要求珊笛代替他去提案。珊笛一聽，不敢相信主管竟然用生病逃避。大家都知道，這個主管非常注重金錢，除了特休，根本沒請過病假。這是巧合，還是分明是故意的？

珊笛趕緊到主管桌上拿資料，離提案還有兩個小時，她想要臨時抱佛腳，先熟悉下內容。但對於圖片，珊笛並不滿意，但已經來不及修改。幸虧珊笛記憶力很好，重點背得差不多。沒想到，更大的災難在後面等著她。

當客戶看到圖片時，臉色變得很難看。「這是你們第二次提案，圖片已經告知要修正，我們老闆不滿意，但是這張照片顯然沒改，那今天提案的目的在哪裡？」

「我……」因為桌上有兩份資料，一份上面寫數字一，一份是數字二，她明明記得主管說的是拿數字一那份資料。難道是主管記錯了。

等主管隔天上班，他堅持說是資料二，珊笛啞巴吃黃蓮，有苦說不出，被當成代罪羔羊，訓斥了好幾分鐘。幸好，這個客戶之前合作過，所以給了他們第三次機會。

這個主管當閃電人不是第一次了，只要他沒辦法處理的都會找理由，讓別人代替他去。慢慢地，除了引起同事不滿，其他部門的主管也有微詞。或許受不了這種冷處理，再加上老闆找他談話，這個主管終於改變自己的態度，不再逃避責任，也暗暗地對珊笛表示歉意。

逃避，會封閉人際關係

奧修：「永遠不要做逃避現實者，因為逃避不會有幫助。最好的安排是在世界中工作而又不迷失在其中。工作五六個小時，然後完全忘掉它。」逃避，對於人生毫無幫助，反而越來越糟。逃避責任，會讓人不齒；逃避問題，會讓問題變得更嚴重；逃避現實，人生不會快樂；逃避互動，人際關係會變差。不要逃避，是人生必學的課題。因為逃得了一時，逃不了一世。勇於面對一切，人生才能越來越好，破繭而出。

攻略小語

◎ 馬克斯威爾：「想像你對困難做出的反應，不是逃避或繞開它們，而是面對它們，同它們打交道，以一種進取的和明智的方式同它們奮鬥。」面對困難時，最簡單但對差勁的反應就是逃避。

◎ 愛情是種依賴，是種互相吸引，即使感情淡了，不能夠以避不見面，而是要說清楚，講明白。

◎ 奧修：「永遠不要做逃避現實者，因為逃避不會有幫助。最好的安排是在世界中工作而又不迷失在其中。工作五六個小時，然後完全忘掉它。」逃避，對於人生毫無幫助，反而越來越糟。

攻略 33

正面思考，人際關係不 NG

海倫凱勒：「逃避危險最後並不會比冒險犯難安全，因為怯懦者失敗的機會與膽大積極的人一樣多。」與其做事前擔心受怕，不如改變自己的想法。負面的人，即使人生順遂，他仍會擔心可能明天會遇到很大的麻煩，而終日惶惶不安。人生風景，春夏秋冬，有風有雨亦有晴，懷著擔憂的心情，不如正面思考，別被負面情緒打敗。人際關係想要達到正向，思考的方向很重要。

正面，負面，影響他人看法

愛爾是個偏向負面思考的人，她的消極，有時候會影響大家的心情。我們有幾個朋友，都很喜歡購物。然而，有時候買東西是無法理性思考，所以常常買了一些不需要、甚至不曾用過的戰利品。

有天，大家聊天時，蘋果就提議不如辦個跳蚤市場，把不要的東西拿出來隨便賣。大家一聽，覺得這個主意很有趣，因此紛紛贊同。蘋果的效率很好，她真的開始去詢問場地價格，還打廣告，並設計現場抽獎活動。這些繁瑣的工作以及費用都是她先支出，每個人只要給她一百元當場地費用。

當天由於我要去開會，因此無法共襄盛舉，但看到蘋果傳來的照片，來尋寶的人很多，收穫應該不少。沒想到，愛爾竟然傳了照片，在群組內寫下：「天氣炎熱，冷氣不夠，東西一樣都賣不出去。這種活動我下次不參加了，浪費錢又浪費時間。」蘋果看到後當然覺得受傷，因為大部分人評價都很高，而且她還自費請大家喝飲料，還請人來現場彈吉他，希望活動能更豐富，所以現場氣氛熱鬧不已。

我問了其他人原因，才知道愛爾的東西都賣得太貴，只要有人殺價，她就說不賣，還不斷抱怨，難怪東西乏人問津，只賣出了寂寞。大家的回應都很正面，因此激怒了愛爾，最後自己離開群組。

後來，沒有人挽留她，因為她常常散發負面情緒，很多人都不想與她共處，更別說聊天。往往聊不到幾分鐘，會突然發現原本豔陽高照的天氣，頓時烏雲密布，感覺到一絲的陰森感。

樂觀正面，人際關係成正比

樂觀又正面的人往往受人喜愛。在加拿大留學時，遇到一個女孩歐霓，個性爽朗正向，朋友很多，人緣非常好。她應該是我認識的朋友中，正向思考排名前五名的一位。她雖然沒有濃妝豔抹，但打扮得宜，品味優雅，服飾配件看起來價格不斐。我們變成好友後，她笑著說：「其實，這些衣服和包包，都是以前我『輝煌』的時候買的。現在我很少買東西了，畢竟要省吃儉用。以前我爸開了一間公司，經營有成，我買衣服從不擔心價格，喜歡就買。但天有不測風雲，因為金融危機再加上不景氣等原因，公司倒了，還負債。從此，我從公主變成了女僕，我媽媽從富太太變成要身兼數職，為了還債，全家人幾乎都做兩份工以上。」當歐霓講這些話時，表情微笑，沒有一絲的難堪或是痛苦。

「你們應該很辛苦吧。」我說道。

「很辛苦，不過我覺得很值得。一家人一起奮鬥、一起工作，為了讓未來更好。夜深人靜時，我會想到以前富有的生活，覺得上天其實對我不薄，讓我體會過有錢人的生活。而且，我覺得我比其他人幸運很多了，起碼一家人都在一起，共同為目標努力著。」

在加拿大看過不少父母寵愛但還常常不知足的學生，總覺得很不如意，常常哭爹喊娘的。比起來，歐霓真的讓我非常佩服。難怪，她身邊朋友很多，因為她陽光的模樣，讓人感受到溫暖和貼心。

正向與負面，心態很重要

高爾基：「我相信過，如果懷著愉快的心情談起悲傷的事情，悲傷就會煙消雲散。」的確，如果懷著負面的情緒，即使你分享的是幸福，別人聽起來也難以共鳴。生活周遭中，正面思考的人比較受歡迎，因為和他們共事或聊天時，會覺得空氣是芬芳的，人生不是充滿挫折。反之，負面的思考模式，讓人會沉浸在一種莫名的低氣壓，讓人不想久留。

正面思考，人際關係才不會 NG！除了人際關係，人生也是一樣。不如意十之八九，請養成正面思考能力，你會發現窗外有藍天，處處有希望。

攻略小語

◎ 海倫凱勒：「逃避危險最後並不會比冒險犯難安全，因為怯懦者失敗的機會與膽大積極的人一樣多。」與其做事前擔心受怕，不如改變自己的想法。

◎ 人生風景，春夏秋冬，有風有雨亦有晴，懷著擔憂的心情，不如正面思考，別被負面情緒打敗。人際關係想要達到正向，思考的方向很重要。

◎ 生活周遭中，正面思考的人比較受歡迎，因為和他們共事或聊天時，會覺得空氣是芬芳的，人生不是充滿挫折。

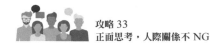

個人魅力學

無往不利的33個自我經營術

作　　者　Sheila
顧　　問　曾文旭
統　　籌　陳逸祺
編輯總監　耿文國
主　　編　陳蕙芳
編　　輯　翁芯俐
美術編輯　李依靜
法律顧問　北辰著作權事務所

印　　製　世和印製企業有限公司
初　　版　2023年06月
（本書為《不做討厭鬼：讓你提升人氣、職場得寵、人見人愛的33個人際攻略》之修訂版）
出　　版　凱信企業集團-凱信企業管理顧問有限公司
電　　話　（02）2773-6566
傳　　真　（02）2778-1033
地　　址　106 台北市大安區忠孝東路四段218之4號12樓
信　　箱　kaihsinbooks@gmail.com

定　　價　新台幣 320 元／港幣 107 元
產品內容　1書

總 經 銷　采舍國際有限公司
地　　址　235新北市中和區中山路二段366巷10號3樓
電　　話　（02）8245-8786
傳　　真　（02）8245-8718

國家圖書館出版品預行編目資料

個人魅力學：無往不利的33個自我經營術／Sheila著. -- 初版. -- 臺北市：凱信企業集團凱信企業管理顧問有限公司, 2023.06
　面；　公分
ISBN 978-626-7097-86-1(平裝)

1.CST: 人際關係 2.CST: 生活指導 3.CST: 成功法

177.3　　112008008

凱信企管

用對的方法充實自己，
讓人生變得更美好！

凱信企管

用對的方法充實自己，
讓人生變得更美好！